세계지도의 역사와

한반도의 발견

차례

Contents

동과 서의 역사적 만남

동(東)과 서(西)의 역사적 만남에 대한 학계의 민감한 반응은 현대 사회의 특징으로 자리 잡은 다원화 사회를 이해하기 위한 학문적 시도로 보인다. 크리스토퍼 콜럼버스의 신대륙 발견(1492년)과 마젤란의 세계일주(1519~1522년) 이후, 유럽과 아시아 그리고 신대륙은 '지구촌(Global Village)' 시대를 향한 진입을 시작했고, 지난 5세기 동안 동과 서는 매우 다양한 모습으로 서로를 만나게 되었다. 기독교의 복음을 전하기 위해 미지의 세계로 떠났던 선교사들을 통해 타자(他者) 간의 종교적 만남이 이루어졌던 때도 있었고, 식민지 개척을 위한 제국주의자들의 탐욕스러운 모습을 통해 그 만남이 강제되었던 때도 있었다. 냉전 시대의 종언과 더불어 바야흐로 국제화

(Globalization) 시대로 접어든 21세기에, 여전히 동과 서는 타자와의 만남이라는 시대적 요청 앞에 서 있다.

동과 서의 역사적 만남을 세계지도의 역사(History of Cartography)를 통해 조망하기 위해 기획된 이 글은 “서구 유럽인의 기록에 최초로 등장하는 한반도의 지리적 모습은 어떤 것이었을까?”라는 소박하지만 매우 중요한 물음에서 출발한다. 유럽 역사상 최초로 한반도와 그 거주민의 존재를 생소한 문체로 보고했던(1254년) 사람은 프란치스코 수도회 소속 선교사 루브룩의 윌리엄(William of Rubruck)이었다. 그는 어떻게 한반도의 지리적 특징을 설명했을까? 아니 어떻게 미지의 세계를 왜곡시켰을까? 우리들의 질문은 계속된다. 누가 최초로 한반도의 실제적인 위도와 경도를 측량하고, 측량에 의거한 한반도의 구체적 지도를 유럽인들에게 소개했을까? 동아시아를 찾아왔던 유럽의 선교사들은 조선의 지리적 특징에 대해 어떻게 이해하고 있었을까? 한반도와 인접해 있는 거대한 중국 문화와 섬나라 특유의 섬세한 문화를 발전시켜 온 일본 문화 사이에서 수천 년의 사직(社稷)을 꿋꿋하게 지켜 온 한반도의 거주민들에 대한 서양인들의 지리학적 관심은 무엇이었을까? 16세기 말, 한반도가 유럽의 세계지도에 처음 등장했을 때, 과연 우리들의 모습은 어떠했을까? 16세기 중엽부터 동아시아에서 활동했던 예수회(Society of Jesus) 선교사들은 한반도의 지리적 발견을 위해 어떤 공헌을 남겼을까?

이 글은 기원후 2세기 경에 알렉산드리아에서 활동했던 프톨레미의 『지리학(Geographia)』의 재발견 이후, 유럽인들의 지리적 관심에 지속적으로 반영되었던 '미지의 땅(Terra Incognita)'에 대한 호기심과 상상력이 아시아 대륙의 동쪽 끝에 위치하고 있는 한반도에 거의 마지막으로 적용되었다는 것을 밝히고, 이러한 '미지의 땅'에 대한 호기심과 더불어 진행된 한반도에 대한 지리적 왜곡이 16세기 중엽부터 동아시아에서 활동했던 예수회 선교사들의 타자를 이해하기 위한 노력을 통해 극복되어 가는 과정을 추적하는데 그 목적이 있다. 예수회 선교사 마테오 리치(Matteo Ricci, 1552~1610)의 세계지도 제작을 비롯한 16세기 중엽부터 일본과 중국에서 활동했던 예수회 선교사들의 공헌, 그리고 청나라 강희제(康熙帝)의 1717년판 『황여전람도(皇輿全覽圖)』 제작에 참여한 프랑스 출신 예수회 선교사들에 의해 한반도가 실제적으로 측량되고, 이후 장밥티스트 부르귀뇽 당빌의 『신 중국지도 총람(Nouvel Atlas de la Chine de la Tartarie chinoise et du Thibet)』 중, 『조선왕국전도(Royaume de Corée)』 부분이 1737년 유럽에서 출간됨으로써 조선을 독립국가로 인정하고 있는 최초의 유럽 지도가 완성되게 된 역사적 경위를 중점적으로 살펴보고자 한다. '아시아 선교의 개척자' 프랜시스코 자비에르(Francis Xavier)의 발자취를 따라 동아시아 선교의 문을 열었던 예수회 선교사들의 활약을 통해, 완전한 '미지의 땅'에서 왜곡된 형태의 '섬나라' 시대를 거쳐 정확한 위도와 경도를 차지하고 있는 반도(半島) 국가로서의 조선이 단일국가로서 서양 세계에 알려지게 된 경위를 세계지도 제작술의 역사와 동아시아 선교의 역사적 측면에서 함께 연구하고자 한다.

지도 제작술의 시작: 프톨레미의 『지리학』의 영향

기원후 2세기, 알렉산드리아의 프톨레미

근대적 의미의 지도 제작술의 발전은 14세기 후반에 재발견된 프톨레미(Claudius Ptolemy, 90~168년 추정)의 『지리학(Geographia)』에 의해 시작되었다.[1] 물론 그 이전에도 지도를 통한 풍경이나 지형에 대한 묘사가 아나톨리아 지방(지금의 터키)의 동굴 벽화에 나타나기도 하고, 기원전 6세기경, 밀레투스 지역에서 활동하던 철학자 아낙시만드로스(Anaximander)에 의해 실제로 지도가 제작되었다는 기록이 남아 있기도 하다.[2] 그러나 기원후 2세기경, 로마 문명의 사상적 중심지였던 이집트 알렉산드리아 출신인 프톨레미는 아리스토텔레스의 세계관과 그리스 천문지리학자들의 연구 성과를 바탕으로 지구 중심의 천체 운행에 대한 수학적 이론을 제시하면서, 동시에 세계지도를 경위도상에 반영한 탁월한 인물이었다. 그는 이미 상당한 학문적 수준에 올라있던 그리스 수학과 지리학자 스트라보(Strabo, 기원전 64년~기원후 21년 추정)나 마리우스(Marius of Tyre, 기원후 100년경의 인물로 추정)의 저술을 참고하여 총 8권으로 구성된 『지리학』을 기원후 150년경에 출간했다. 원본은 아쉽게도 유실되었기 때문에, 후대의 복사본에 의존하여, 프톨레미가 세계지도를 그의 책에 포함시켰던 것으로 추정하고 있다. 후대의 기록에 의존하여 세계지도 한 장과 26종류의 지역지도가 포함되어 있었다고 추정되는데, 후대의 판본으로 넘어가면서 아예 이 지도들이 책의 내용으로 포함되었다. 물론 일부 학자들은 이러한 견해에 대해 반대 입장을 제시하고 있다. 제임스 아컬만(James Akerman)의 반대입장에 따르면 중세시대에 쓰인 프톨레미의 『지리학』은 후대의 천문지리학적 자료가 첨가되었을 가능성이 높다고 본다.3) 따라서 아컬만은 14세기 후반에 재발견된 사본을 바탕으로 프톨레미가 세계지도를 직접 제작했다고 보기 어렵다는 조심스러운 견해

알렉산드리아의 천문지리학자 프톨레미의 초상화.

를 제시하고 있다. 어쨌든 출생지나 성장 배경에 대해 불충분한 정보만이 남아 있는 프톨레미의 생애와 함께 그가 제작했다고 추정되고 있는 세계지도는 여전히 의문 속에 남아 있다.

지리학적 관심의 증대

프톨레미가 알렉산드리아에서 활동하고 있을 때, 로마의 군대는 계속해서 제국의 영토를 사방으로 넓혀가고 있었다. 따라서 광대한 로마 제국과 인접한 지역에 대한 지리적 관심이 증대되고 있었다. 물론 이런 지리학적 관심은 군사적 목적과 통상 교역 증대를 위한 실용적 요구에 의해 더욱 증폭되었다. 로마는 이미 이때에 중국으로부터 비단을 수입하고 있었고, 동서교역의 지속적인 증대는 지도의 수요를 급격히 증대시켰다. 이러한 시대의 요구에 부응하면서 당시 로마 지도 제작자로서 명성을 날리던 인물이 바로 티레의 마리우스(Marius of Tyre)였다. 프톨레미는 마리우스의 지도가 가지고 있는 결점을 비판, 수정하면서 당대 최고의 지리학자 및 지도 제작자로 부상하게 된다.

마리우스는 중국의 존재를 세계지도에 포함시킨 최초의 인물이었다. 그는 "거석 탑부터 세레스(Seres)의 수도인 세라(Sera)까지 여행하는데 모두 일곱 달이 걸린다."라고 기록함으로써, 중국의 옛 이름인 '세레스(Seres)'의 존재를 유럽에 알린 첫 번째 인물이 되었다.[4] 그러나 프톨레미는 마리우스가 기록한,

인류가 거주하고 있는 거주 영토에 대한 추정이 너무 과장되어 있음을 지적했다. 먼 곳을 탐험했던 여행자들이나 군대를 이끌고 미지의 나라에서 전쟁을 수행한 경험이 있는 군대 지휘관의 경험담에 의존했던 마리우스의 기록은 과학적인 측량술이나 지도투영법에 의존해 있지 않았기 때문에 이런 오류가 발생한 것이라고 보았다. 이러한 비판적 관점에 따라서, 프톨레미는 자신의 세계지도에 위도와 경도를 새겨 넣었다. 프톨레미는 더 나아가, 마리우스의 지도 해석 부분과 지도 자체의 묘사가 서로 상충하고 있다고 지적하면서, 자신의 세계지도는 과학적 지도투영법을 적용하여 현존하고 있는 모든 세계 지리에 대한 정보를 통합하였다고 주장했다. 프톨레미는 이런 자신의 작업을 '지리학'이라고 이름 붙이면서 "지금까지 알려진 모든 세계의 구석구석과 그 지역에서 일어나고 있는 일에 대한 사실적 묘사"라는 학문적 정의를 내리고 있다.[5] 총 8권으로 구성되어 있는 그의 『지리학』 각 권은 아래와 같은 구체적인 항목을 담고 있다.

제1권 지도투영법에 대한 설명과 마리우스에 대한 비판이 담겨져 있는 서문.

제2권 아일랜드, 브리튼, 이베리아 반도, 골, 독일, 다뉴브강 상류지역, 달마티아 지역.

제3권 이탈리아와 인근 섬, 사마시아, 다뉴브 강 하류지역, 그리스와 인근 지역.

제4권 북부 아프리카, 이집트, 리비아 내륙지방, 에티오피아 지역.

제5권 근동지역, 아르메니아, 사이프러스, 시리아, 팔레스타인, 아라비아 반도, 메소포타미아, 아라비아 사막, 바빌로니아 지역.

제6권 페르시아 제국의 영토에 포함되어 있던 지역 중 제5권이 설명하고 있지 않는 지역.

제7권 인도, 중국(Sinae), 타프로바네 및 인근 지역, 세계지도에 대한 요약과 지역지도 요약.

제8권 26개의 지역권별 지도에 대한 요약.

『지리학』의 재발견

프톨레미의 『지리학』은 약 천 년 동안 중세 유럽 사회에 잊혀져 있다가, 14세기 말 그리스어로 기록되어 있는 코덱스(낱장으로 편집된 책의 형태) 일부가 콘스탄티노플(현재 터키의 이스탄불)에서 발견됨으로써 그 존재가 중세 유럽에 알려지게 되었다. 콘스탄티노플에서 발견된 프톨레미의 『지리학』 코덱스는 이후 투르크족의 서진(西進)을 피해 이주한 인문학자들에 의해 이탈리아의 플로렌스로 전달된 다음, 1406년부터 1409년까지 야코포 단젤로(Jacopo d'Angelo da Scarperia)에 의해 라틴어로 번역되면서부터 유럽의 일반 대중들의 관심을 끌게 되었다. 프톨레미의 『지리학』은 유럽의 지리학자나 천문학자에게뿐만 아

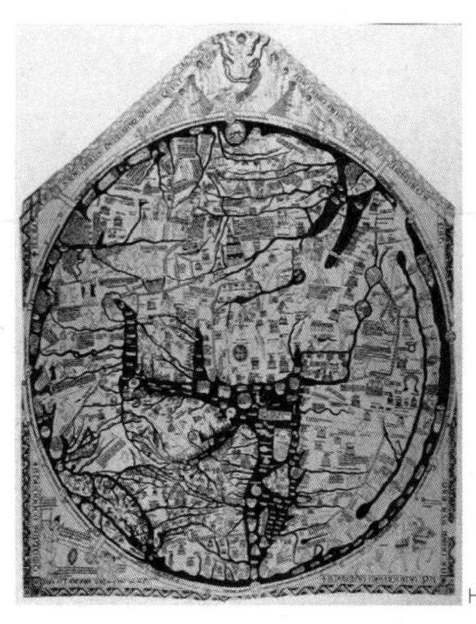
Hereford Map.

니라, 철학과 신학을 연구하는 인문학자들에게도 지대한 사상적 영향을 미쳤다. 당시까지만 해도 중세의 인문학자들이나 신학자들은 전통적인 'T-O형 세계지도'를 통해 매우 제한적이고 왜곡된 형태의 세계의 모습을 가지고 있었다.

『지리학』의 재발견은 중세시대의 세계관을 지배하던 전통적인 'T-O형 세계지도'의 지리학적 한계를 일시에 불식시킨 지도 제작사의 중요한 분기점을 이루었다. 중세시대의 세계관을 반영했던 이 'T-O형 세계지도'는 당시 정치·종교적 사고를 지배하고 있던 기독교의 영향을 벗어날 수 없었다. 따라서 현존하고 있는 1,100여장의 'T-O형 세계지도' 중 가장 널리 알려져 있는 '헤레포드 지도(Hereford Map)'에는 성지인 예루살렘이 세계의 중심에 위치해 있는 것을 볼 수 있다. 13세기 후반에 제작된 이 헤레포드 지도는 유럽과 근동 아시아 일부 및 아프리카 북단만을 포함하고 있기 때문에 세계지도로서의 가치보다 유럽인들의 예루살렘 성지순례를 위한 여행 안내서와 중세시대의 상업 활동과 십자군 운동에 대한 묘사 반영 등의 역사적 가치만을 가지고 있다. 따라서 중세의 세계지도를 뜻했던 '마파문디(Mappamundi, 복수형은 Mappaemundi)'는 실용적인 목적과 더불어 십자군이나 성지순례라는 종교적 목적에 의해 일종의 성스러운 상징물(Icon)로 취급되었다.

한편, 15세기 중반 구텐베르크에 의해 개발된 활자 인쇄술을 통해 널리 보급되면서, 프톨레미의 『지리학』은 중세말 유럽인들의 지적 호기심을 자극하기 시작했다. 뿐만 아니라, 다량의 세계지도 제작을 위해 15세기 말에 개발된 구리(銅)로 지도의 원판을 만드는 제작술은 프톨레미의 『지리학』에 근거한 '프톨레미 세계지도'가 널리 보급되는데 결정적인 역할을 하였다. 1406년에 출간된 『지리학』의 최초 라틴어 번역본에는

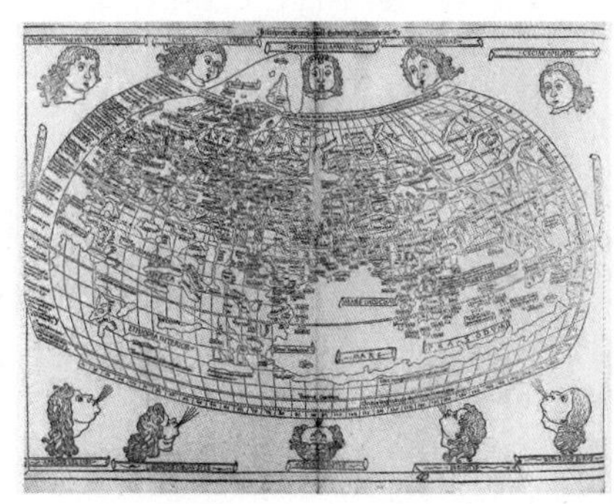
프톨레미의 세계지도.

'프톨레미 세계지도'가 포함되어 있지 않았지만, 이탈리아 볼로나(Bologna)에서 출간된 1477년 판본부터 프톨레미의 설명을 바탕으로 한 세계지도가 포함되기 시작했다. 신대륙을 발견한 크리스토퍼 콜럼버스도 이 1477년판 『지리학』에 인쇄되어 있는 세계지도를 통해 동아시아에 대한 왜곡된 이해를 가지게 되었다. 물론 이 1477년판 프톨레미의 세계지도는 신대륙이 발견(1492년)되기 전에 출간된 것이므로 아메리카 대륙이나 호주 그리고 양극 대륙을 포함하지 않고 있다. 콜럼버스의 대서양 횡단은 여전히 프톨레미의 세계관을 바탕으로 진행된 역사적인 사건이었다.[6] 이 '프톨레미 세계지도'에 한반도의 존재가 전혀 반영되어 있지 않고, 중국과 인도를 포함한 동아시아에 대한 정보가 왜곡되어 있는 것도 무리가 아닐 것이다.

하트만 쉐델, 세계지도와 기독교 세계관을 결합하다

중세적 세계관이 그 영향력을 잃어가기 시작하던 15세기 말에 독일 뉘른베르크(Nurenburg)의 의사였던 하트만 쉐델(Hartman Schedel, 1440~1514)은 프톨레미의 세계지도와 기독교 세계관 사이의 기묘한 결합을 시도한다. 쉐델은 1493년에 출간한 『연대기(Liber Chronicarum)』에서 인류의 역사를 천지창조로부터 시작하는 여섯 가지 단계로 설명하면서, 예수 그리스도의 탄생을 마지막 여섯 번째 단계의 시작으로 보았다. 쉐델은 이 책에서 최초로 목판 인쇄술을 동원하여 프톨레미의

세계지도를 기독교적 역사관과 결합시킨다.[7)]

하트만 쉐델의 세계지도 각 모서리에 그려져 있는 인물들은 노아의 아들인 셈, 함, 야벳인데 이들은 순서대로 각각 아시아, 아프리카 그리고 유럽인들의 조상이 되었다는 중세시대의 기독교적 해석을 반영하고 있다 (창세기 9장 19절).[8)] 이 책이 출간되었던 1493년에 쉐델은 이미 콜럼버스의 대서양 횡단과 신대륙 발견에 대한 소식을 접하고 있었지만, 그는 여전히 중세 기독교적 세계관과 프톨레미의 세계지도에 충실한 세계지도를 제작하였다.

한반도는 물론, 중국과 일본의 지리적 존재가 반영되지 않았음을 볼 때, 쉐델은 마르코 폴로의 『동방견문록』이나 프란치스코 수도회 선교단의 일원으로 몽골 제국의 평원을 거쳐 원

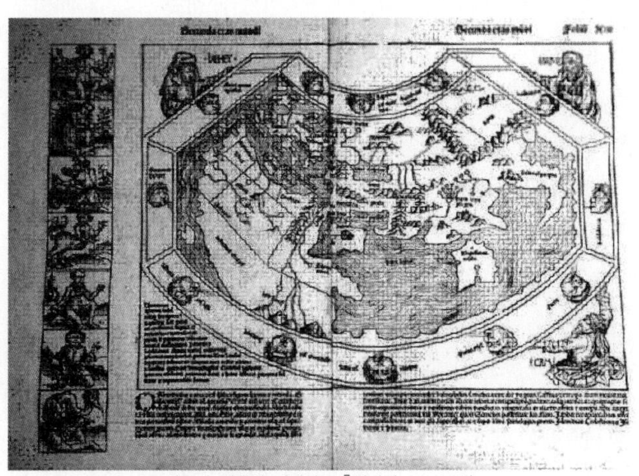

하트만 쉐델의 세계지도 『연대기』, 1493년.

하트만 쉐델의 『연대기』에 묘사된 상상의 괴물들.

나라를 방문했던 루브룩의 윌리엄이 작성한 선교보고서를 참고하지 않았던 것이 분명하다. 쉐델의 세계지도 왼쪽 편에 그려져 있는 희귀한 모습의 인종들은 중세시대 사람들의 상상 가운데 존재하던 미지의 땅(Terra incognita)에 살고 있는 괴물과 같은 인간들의 모습이다. 이런 괴물들은 당시까지만 해도 '이마우스(Imaus)' 산맥 너머에 사는 알 수 없는 인종으로 알려졌는데, 이 지역은 지금의 몽골 지역과 중국 북부 지역을 의미한다. 중앙아시아 너머, 미지의 땅에 살고 있는 괴물들은 머리가 없는 인간이거나 외눈박이, 반수반인(半獸半人), 큰 발로 태양을 가리고 있는 거족인(巨足人) 등의 기괴한 모습으로 묘사되었다.

최초로 한반도를 알린 루브룩의 윌리엄

널리 알려져 있는 대로, 최초로 한반도의 지리적 존재를 유럽인들에게 알린 인물은 프란치스코 수도회 소속 선교사 루브룩의 윌리엄이다.[9] 교황 이노센트 4세의 지시로 1245년부터

1247년까지 몽골 제국을 방문했던 플라노 카르피니의 요한(John of Plano Carpini)의 뒤를 이어 프란치스코 수도회의 선교단의 일원으로 원나라 헌종을 방문했던 윌리엄은(1254년), 우연히 만난 같은 이름을 가진 유럽인 윌리엄(Master William)으로부터 중국의 국경 너머에 있는 '카울레(Caule)'라는 나라의 사신을 만난 적이 있다는 사실을 듣고, 이를 그의 유명한 선교보고서에 기록한다.10) 이 선교보고서를 통해 '코리아(Caule)'의 존재가 처음으로 유럽인들에게 알려지게 된 것이다. 비록 하트만 쉐델은 이 보고서를 그의 세계지도 제작에 참고하지 않았지만, 루브룩의 윌리엄에 의해 보고된 최초의 '코리아'에 대한 기록은 향후 약 350년 동안 한반도에 대한 유럽인들의 지리적 이해를 결정했다. 왜냐하면, 루브룩의 윌리엄이 만난 또 다른 이름의 윌리엄이 '코리아'에 대해 매우 흥미로운 사실을 기록했기 때문이다.

"또한 그들은 내게 진실이라며 말했지만, 나는 믿지 않았다. 중국(Cathay) 국경을 넘어서면 한 나라가 있는데, 일단 그 나라로 들어가면 입국했을 때의 나이가 그대로 멈춰 서게 되고 더 이상 늙지 않는다는 것이었다. 해안을 경계로 중국과 국경을 이루고 있는 나라에 카울레(Caule)와 만세(Manse)라고 불리는 사람들이 보낸 사절단을 만난 적이 있다고 윌리엄은 내게 말했다. 그곳에 사는 사람은 바다 한 가운데 섬나라에 살고 있는데, 겨울이 되면 얼어붙기 때문에 중국인들(Tartars)이 그곳을 걸어서 건너간다고 한다. 그들은 매년 3만 2천 투만 이아스쿳(tumen iascot)을 중국에 조공으로 바쳐야만 평화롭게 살 수 있다고 했다. 투멘(tumen)은 1만을 뜻하는 숫자의 단위이다."

한반도의 지리적 특징에 대한 최초의 기록에서부터 심각한 지리적 왜곡이 시작되었다. 윌리엄의 기록에 나타난 첫 번째 왜곡은 한반도가 "일단 그 나라로 들어가면 입국했을 때의 나이가 그대로 멈춰 서게"되는 신비의 땅, 알 수 없는 땅(Terra incognita)이란 개념이다. 아무도 가보지 못한 미지의 세계에 대한 기대감이, 신비의 땅이라는 환상을 불러일으키면서 한반도는 마치 유럽인들이 동경해 오던 낙원처럼 이해되어지기 시작했다. 두 번째 우리가 주목해야 할 한반도에 대한 지리적 왜곡은 '카울레'가 "바다 한 가운데 섬나라"라는 표현이다. 유럽인들에게 처음 존재가 알려진 신비의 나라 '코리아'는 겨울이 되어 바다가 얼어붙을 때만 사람의 왕래가 가능한 신비의 섬나라가 된 것이다. 이러한 한반도에 대한 지리적 왜곡은 향후 약 350여년 동안 유럽인들의 세계지도에 그대로 반영된다.

한편, 보다 광범위한 유럽의 독자층에 의해 널리 읽혀졌던 마르코 폴로의 『동방견문록』은 프톨레미적 세계관의 영향으로 동아시아에 대한 지리적 이해가 왜곡되어 있던 유럽인에게 중국(카타이)과 일본(지팡구)의 존재를 자세히 알리는 공헌을 하였다. 프톨레미의 세계지도를 바탕으로 했던 16세기 초반의 세계지도 제작자들은 인도의 대서양 너머의 지리에 대해서 "프톨레미의 설명에 따르면 미지의 땅"이라고 총괄해서 설명했다. 그러나 이들은 점차 마르코 폴로의 『동방견문록』에 나타난 동아시아에 대한 지리적 정보를 세계지도 제작에 반영시키기 시작한다. 아래 1522년 프랑스의 스트라스부르그(Strasburg)에서 트레첼(G. Trechsel)에 의해 출간된 프톨레미의 『지리학』에 포함된 세계지도에는 마르코 폴로의 『동방견문록』이 설명하고 있는 동아시아에 대한 지리적 정보를 반영하고 있다. 예를 들면 만주 지역을 망기(Mangi)로, 그리고 중국을 카타이(Cathai)로 표기하고 있다. 지도의 윗부분에 삽화로 처리되어 있는 중국 원나라 황제의 모습도 매우 인상적이다. 유목민적 전통을 유지했던 몽골 제국의 황제가 이동용 텐트 안에서 엄숙한 권위를 드러내는 장면이다. 지도 하단 오른쪽에 거칠

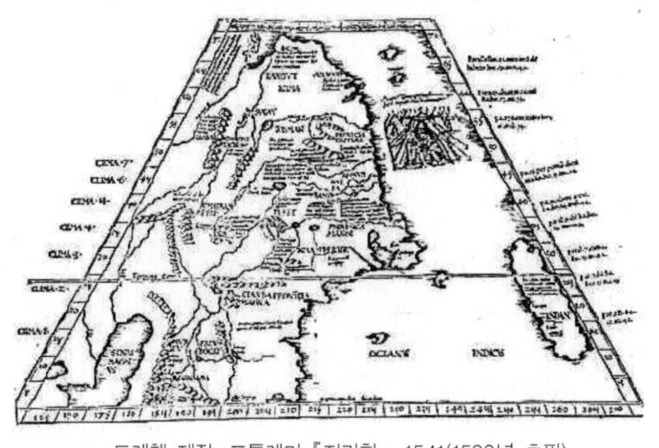

트레첼 제작. 프톨레미 『지리학』. 1541(1522년 초판).

게 그려져 있는 둥근 섬 모양의 일본(지팡구)이 등장하고 있지만, 아쉽게도 '코리아'의 존재는 발견할 수 없다. 중국에서 활동하고 있을 당시, 고려의 지리적 존재에 대해 특별한 관심을 두지 않았던 마르코 폴로의 무관심으로 인해,[11] 마르코 폴로의 『동방견문록』은 유럽인들의 한반도 이해에 아무런 영향을 미치지 못했다.

콜럼버스의 신대륙 발견과 세계지도의 제작

지도 제작술의 코페르니쿠스적 전환

콜럼버스의 신대륙 발견(1492년)만큼 세계지도 제작술에 일대 변화를 초래한 사건도 드물다. 그의 신대륙 발견에 의해 지금까지 존재가 알려지지 않던 대륙과 인류가 발견됨으로써, 기존의 프톨레미적 지리학과 기독교적 세계관에 일대 충격이 가해지게 되었다.[12] 신대륙 발견 과정을 통해 제기된 지리학적 관심은 콜럼버스 자신에 의해 자세히 묘사되기도 했다.

"나는 프톨레미나 다른 학자들이 주장한 것처럼 이 세상의 대륙과 해안은 공처럼 둥글고, 월식을 일으키는 달이나 매일 운행하는 달의 움직임이 동에서 서로 이동하고, 북극성이 북쪽에서 남쪽으로 위치를 이동하는 것 등에 대해서 익히 알고 있었다. 그러나 나는 이런 견해들에 중대한 착오가 있다는 것을 발견했다. 나는 지구가 그들이 말한 것처럼 공(球)처럼 완전히 둥근 것이 아니라, 마치 먹는 배 모양처럼 중간 부분은 약간 평평하고, 나머지 부분만이 공처럼 둥글다는 사실을 발견했다."[13]

콜럼버스의 신대륙 발견은 우연히 발생한 사건이 아니었다. 그 당시까지 축척되어왔던 모든 지중해 연안 국가들의 지리학적 정보와 콜럼버스 자신의 중세적 신앙심이 결합하면서 세계사의 일대 전환점이 된 새로운 대륙의 발견이 가능하게 된 것이다. 신대륙을 찾아 목숨을 건 탐험에 나서기 전 이미 콜럼버스는 아이슬란드(1477년경), 마데이라(1478년), 영국(1479년), 아프리카 가나(1482~1484년)를 오가며 해상무역에 종사하던 전문 해양인이었다. 그가 항해하던 배 선반의 책꽂이에는 항상 마르코 폴로의 『동방견문록』과 프랑스 추기경 피에르 다이(Pierre d'Ailly)의 『이마고 문디 Imago Mundi』

1492년 신대륙을 발견한 크리스토퍼 콜럼버스의 초상화.

라는 세계지리총람이 놓여 있었다. 현재 이 책들은 스페인 세빌의 고문서실에 보관되어 있는데, 이 책들의 갈피갈피에 쓰여 있는 콜럼버스의 독서 메모들은 당시에 그가 얼마나 세계지리와 아시아 지리에 대해 깊은 관심을 가지고 있었는지 잘 보여주고 있다. 콜럼버스는 이 책들을 탐독하면서 유럽과 아시아 대륙간의 최단 거리 항해로에 대해 관심을 키워왔다. 그러던 중 콜럼버스는 1481년 과학자 토스카넬리(Paolo dal Pozzo Toscanelli)와 교회지도자 마린스(Fernao Marins)가 대서양 항해의 가능성을 포르투갈의 국왕 요한 2세에게 보고했다는 사실을 알아내고 자신이 이 가능성에 직접 도전해 보겠다는 의지를 피력한다.

콜럼버스는 나름대로 대서양 크기에 대한 과학적인 확신을 가지고 있었다. 그는 우선 유럽 지리학자들이 추정하던 유라시아 대륙의 크기를 225도로 보고, 마르코 폴로의 『동방견문록』에 나타나 있는 동아시아의 모습에서 28도를 추가해야 한다고 나름대로 생각하고 있었다. 또한 동아시아 해안부터 섬나라인 지팡구(일본)의 동쪽 끝까지 거리가 30도라고 추정하였기 때문에 결국, 유럽 서쪽 끝에서 아시아 대륙의 동쪽 끝까지의 거리가 283도란 결론에 도달했다(225+28+30=283). 그의 계산에 의하면, 나머지 77도 정도만 대서양을 서쪽으로 항해하기만 하면 무사히 지팡구에 도착할 수 있다는 계산을 가지고 있었다. 콜럼버스의 이러한 계산은 결국 대서양 횡단을 위해서는 2,400마일만 항해하면 된다는 결론에 도달한 것이다. 이러한

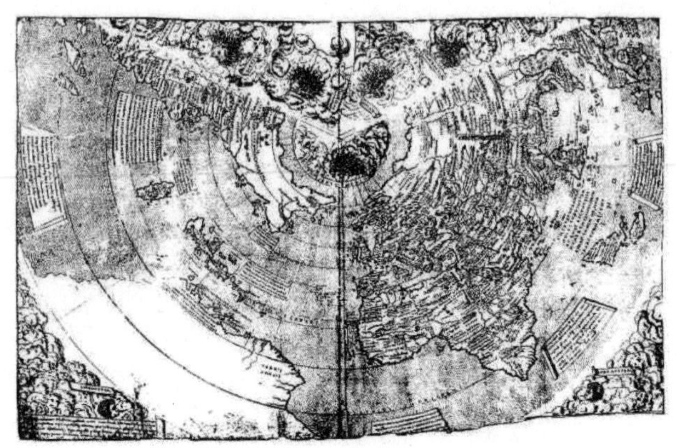

지오바니 콘타리니의 1506년판 세계지도(영국 국립도서관 소장).

과학적 계산의 근거는, 지금은 유실되었지만 플로렌스의 과학자 토스카넬리가 제작한 세계지도가 있었기 때문에 가능했다.14)

세계지도 제작술의 역사에서 콜럼버스의 지리적 발견을 처음으로 반영한 사람은 플로렌스의 지도 제작자 지오바니 콘타리니(Giovanni Contarini)이다. 현재 영국 국립도서관에서 소장하고 있는 1506년판 콘타리니의 세계지도는 부채꼴 모양을 하고 있는데, 콜럼버스가 발견한 신대륙을 아시아 대륙이라고 믿었던 당시의 지리적 혼동을 그대로 담고 있다. 콜럼버스 본인도 혼동할 수밖에 없었던 신대륙의 위치 때문에, 콘타리니는 쿠바와 카리브해의 여러 섬들 바로 옆에 지팡구(일본)를 그려 넣었다. 하지만 어쨌든 이 지팡구 옆에 등장해야 할 한반도는 여전히 그 정체를 드러내지 않고 있다.

아메리카 대륙의 출생증명서

콘타리니 세계지도가 가지고 있던 지리적 혼동을 극복하고 아메리카 대륙의 존재를 아시아 대륙으로부터 완전히 독립시킨 인물은 독일의 지도 제작자였던 마틴 발트세뮐러(Martin Waldseemüller, 1475~1522)이다. 발트세뮐러가 아메리고 베스푸치(Amerigo Vespucci)의 신대륙 탐험 기록을 바탕으로 1507년에 제작한 세계지도에 최초로 아메리카라는 신대륙의 이름을 포함시킴으로써 그의 지도는 '아메리카 대륙의 출생증명서(America's Birth Certificate)'라는 별명으로 불리게 되었다.

36제곱평방 미터에 달하는 대형 지도인 발트세뮐러의 세계지도는 16세기 최초의 신대륙 발견자를 아메리고 베스푸치(Americo Vespucci)로 잘못 이해한 시대의 오류를 고스란히 담고 있지만,15) 최초로 '아메리카'라는 대륙의 이름을 지도상에 사용했고, 신대륙을 중심으로 태평양과 대서양을 완전히 분리

발트세뮐러의 세계지도 상단에 그려져 있는 아메리고 베스푸치의 초상화.

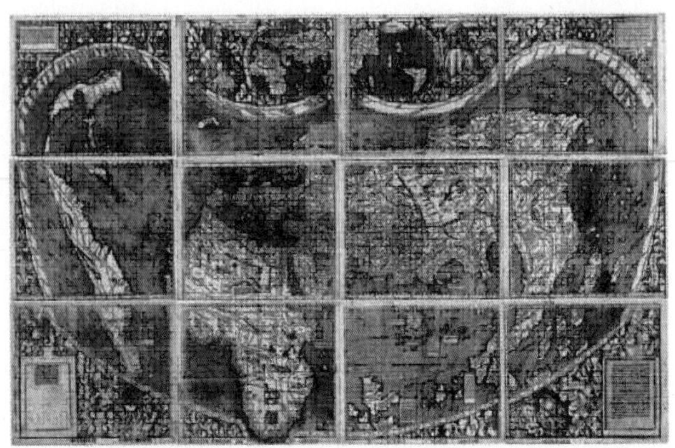

마틴 발트세뮐러의 『세계지도』, 1507년(미국 국회도서관 소장).

시킴으로써 기준의 프톨레미적 세계관의 한계를 극복한 최초의 지도라고 할 수 있다. 동양의 모습을 일부 보존함으로써 프톨레미적 세계관을 완전히 이탈하지 않으면서 동시에 그의 한계를 세계지도상에 반영한 것이다.[16] 이 유명한 세계지도의 상단에는 "프톨레미의 전통과 아메리고 베스푸치를 비롯한 여러 사람들의 발견에 따라 만들어진 세계지도"라는 제목이 붙어 있다. 아메리고 베스푸치와 연관된 발트세뮐러의 오류는 이 지도에 대한 설명 부분에도 반복되고 있다.

"슬기로운 정신을 가졌던 아메리고 베스푸치가 이 지역을 광범위하게 돌아보고 다음의 네 번째 부분을 발견했기 때문에, 나는 우리가 이 땅의 이름을 그것을 발견한 사람인 '아메리고'의 이름을 따라 '아메리카', 즉 아메리카의 땅이라고 부르는 것에 반대해야 할 이유가 없다고 본다. 왜냐하면, 유럽과 아시아도 모두 여성의 이름을 따라 이름이 지어졌기 때문이다."[17]

1507년판 세계지도에서 아메리카 대륙의 발견자를 잘못 그려넣은 사실을 알게 된 발트세뮐러는 1513년 지도에서부터 이를 수정하려고 노력했지만, 이미 유럽 사회에서 신대륙은 '아메리카'로 정착된 후였다.

자세히 살펴보면, 발트세뮐러의 『세계지도』는 기존의 프톨레미적 세계관을 바탕으로 콜럼버스의 신대륙 발견과 아메리고 베스푸치의 항해(1501~1502년)의 결과뿐만 아니라, 마르코 폴로의 『동방견문록』에 나오는 동아시아에 대한 이해를 함께 담고 있는 것을 볼 수 있다.[18] 흔히 향료섬(Spice Islands)으로 불렸던 말라카를 중심으로 한 인도차이나 반도가 인도보다 더 크게 표현되어 있고, 긴 원형의 일본과 간략화된 중국이 포함되어있지만, 한반도의 존재는 여전히 생략되어 있다. 호주와 뉴질랜드를 포함한 남태평양 군도들이 아직 발견되지 않았으므로 역시 생략되어 있다.

발트세뮐러에 의해 제작된 후 이 지도는 16세기 중반까지 요한 쉐네(Johann Schöner, 1477~1557)에 의해 소장되어 오다가 이후에는 유실된 것으로 추정되고 있었다. 그러나 이 발트세뮐러의 『세계지도』는 1901년 한 독일의 귀족 가문 성채에서 발견되었다가, 정확하게 100년 후인 2001년, 미국의 국회

도서관이 거액을 지불하고 이 지도를 구매했다. '아메리카 대륙의 출생증명서'가 미국으로 돌아가게 된 것이다. 현재 이 지도는 미국 국회 도서관에 소속되어 있는 토마스 제퍼슨 빌딩에 전시되어 있다.

신대륙의 발견 과정에서 보충된 세계 지리의 정보를 비교적 상세하게 반영했던 발트세뮐러의 『세계지도』에서도 여전히 한반도는 미지의 땅으로 남아 있었다. 신대륙이 발견되었지만, 여전히 한반도는 알 수 없는 땅, 존재의 여부조차 확인되지 않는 땅으로 남아 있었던 것이다. 신대륙에 대한 보다 상세한 지리적 발견은 16세기 동안 매우 빠른 속도로 진행되었다. 그러나 한반도와 그 거주민에 대한 유럽인들의 인식은 기원후 2세기경의 프톨레미의 이해로부터 조금도 진보하지 않았다. 이러한 한반도의 지리적 존재에 대한 무지는 트레첼에 의해 제작된 최초의 동아시아 지도(1522년 초판, 1525년, 1535년, 1541년 재판)에서 계속해서 반복되었다.

미지의 땅으로 남은 동아시아

유럽의 세계지도 제작사(製作史)에서 세바스찬 문스터(Sebastian Munster, 1488~1552)는 프톨레미의 세계관을 반영한 16세기의 마지막 지도 제작자라고 할 수 있다. 하이델베르크와 튀빙겐대학에서 수학한 프란치스코 수도회 소속 사제였던 문스터는 원래 히브리어를 가르치는 대학 강사였으나, 1529년 바젤대학으로 옮기면서 루터의 종교개혁에 심취한 인물이었다. 바젤대학에서 개신교로 개종한 문스터는 1540년 48개의 목판 지도를 포함한 프톨레미의 『지리학』을 출간하였으며, 1544년에는 독자적인 『코스모그라피아(Cosmographia)』를 출간하여 16세기 중엽에 최고의 지리학자로 명성을 쌓게 되었다.[19] 문스터의 『코스모그라피아』는 16세기 후반의 세계지도 제작의 최고봉이라고 할 수 있는 아브라함 오르텔리우스의 1570년판 『세계의 무대(Theatrum Orbis Terrarum)』가 출간될 때까지 약 25년간 유럽을 대표하는 세계지도였다. 아래 지도는 문스터에 의해 제작된 아시아 전역의 지도인데, 여전히 프톨레미의 세계관과 마르코 폴로의 영향을 받고 있음을 알 수 있다. 이 지도의 역사적 의미는 지도 제작사상 최초로 아시아 대륙(Asia Major)을 유럽 대륙과 인접한 극동 지역(Asia Minor)으로부터 분리시켜 표현했다는 것이다.

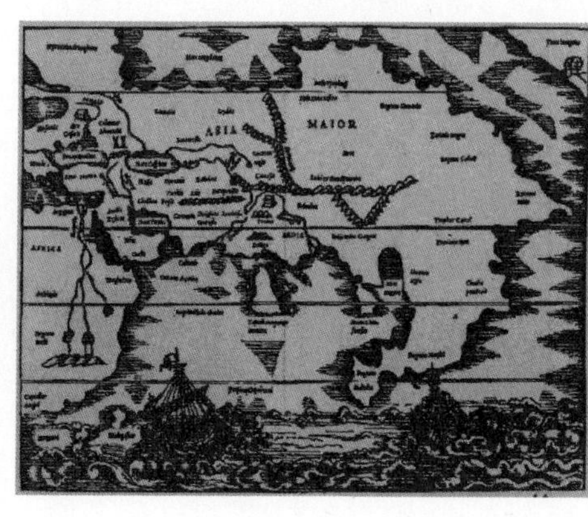

세바스찬 문스터의 『코스모그라피아』 아시아 부분 (1546년 바젤에서 제작).

프톨레미의 세계관을 담고 있는 문스터의 『코스모그라피아』의 아시아 부분은 전반적으로 왜곡된 형태를 보이고 있으며 오른쪽 귀퉁이에 '미지의 땅'이라는 표현을 구체적으로 기록함으로써, 동아시아에 대한 지리학적 정보 부족을 공식적으로 인정하고 있다. 신대륙의 발견이 이미 반세기 전에 일어났음에도 불구하고, 동아시아는 여전히 미지의 땅으로 남아 있음을 볼 수 있다. 한반도는 아직 그 모습을 드러내지 않고 있다.

메르카토르와 오르텔리우스의 새로운 세계지도

프톨레미 시대의 종말과 과학적 지도 제작술

약 13세기 동안 세계의 지리적 모습을 결정해 왔던 프톨레미의 세계지도와 그의 지도 제작술은 네덜란드의 지도 제작자인 헤랄드 메르카토르(Gerald Mercator, 1512~1594)에 의해 수정되기 시작했다. 메르카토르는 정각 원통도법이라는 새로운 지도 제작술을 고안함으로써 프톨레미 시대의 종말을 실현시킨 인물이다.[20] 흔히 메르카토르 도법(Mercator's Projection)으로 알려져 있는 과학적 지도 제작술을 사용한 1569년의 세계지도는 유럽에서 새로운 지도 제작술의 시대를 열게 되었다.[21] 세계지도 총람(Atlas)이라는 용어를 처음 사용한 메르카토르의 광범위한 『세계지도 총람(Atlas sive cosmographicae meditationes de fabrica mundi et fabricati figura)』은 그의 아들 루몰드(Rumold)에 의해 1595년에 이르러서야 완성되었다. 메르카토르 부자(父子)에 의해 제작된 『세계지도 총람』의 원판이 1604년, 조도쿠스 혼디우스(Jodocus Hondius)에게 매각된 다음, 다시 혼디우스의 딸과 결혼한 요하네스 얀슨(Johannes Jansson)에 의해서 출간을 거듭함으로써, 17세기 초 메르카토르의 세계지도는 '메르카토르-혼디우스-얀슨' 세 사람의 이름으로 통째로 분류되기도 한다. 아래 그림은 1630년경에 제작된 '메르카토르-혼디우스-얀슨'의 아시아 지역 지도인데, 여전히 동아시아에 대한 지리적 정보가 제한되어 있음을 알 수 있다.

1630년경에 출간된 Mercator-Hondius-Janssonius, 『India Orientalis』.

16세기 최초의 세계지도

한편, 메르카토르의 친구이자 경쟁자였던 아브라함 오르텔리우스(Abraham Ortelius, 1528~1598)는 메르카토르의 새로운 지도 제작술과 도법을 받아들여, 1570년판 『세계의 무대(Theatrum Orbis Terrarum)』를 출간하였다. 그는 이 지도 총람을 통해 16세기 말 유럽 세계지도 제작술의 최고봉에 올랐던 인물이다. 메르카토르의 『세계지도 총람』이 그의 사후에 완성되었기 때문에, 오르텔리우스의 『세계의 무대』야말로 16세기를 대표할 만한 최고의 세계지도 총람이라고 해도 과언이 아니다. 그의 『세계의 무대』는 1570년부터 1612년까지 31회의 수정판을 거듭하며 유럽의 7개국 언어로 번역되었다.

당시까지의 지도는 낱장으로 인쇄되거나 두루마리 형태로 판매되었기 때문에 사용하는데 불편함이 많았다. 네덜란드 지도 제작 산업이 붐을 일으키기 시작할 무렵, 오르텔리우스는 이 점에 착안하여 같은 크기의 지도를 책자 형태로 출간함으로써 지도 사용이 더욱 용이하도록 만드는데 결정적인 공헌을 하였다. 1570년 『세계의 무대』 초판을 인쇄한 오르텔리우스는 지속적인 유럽 독자들의 성원에 힘입어 중판을 거듭했는데, 1584년

아브라함 오르텔리우스의 초상화

오르텔리우스, 『Indiae Orientalis Insularumque Adiacentium Typus』 (1570년).

과 1585년에는 각각 중국과 일본을 독립적인 지도로 묘사하기까지 했다.

그러나 오르텔리우스의 세계지도에서도 동아시아는 여전히 미지의 땅으로 남아 있었다. 그가 가지고 있던 중국과 일본 지리에 대한 정보는 이차적인 정보에 의존해 있었기 때문에 화려한 채색과 섬세한 인쇄술을 통한 상품적 가치만 높았을 뿐이었다. 특별히 한반도는 아직 그 지리적 모습을 드러내지 않고 있다. 위의 지도에 나타나 있는 것처럼, 해안선을 중심으로 비교적 사실적으로 표현된 중국 본토 외에, 일본은 하늘을 나는 둥근 연(鳶)과 같은 모습을 하고 있고, 한반도는 그 흔적도 나타나 있지 않다.

마테오 리치와 한반도의 지리적 발견

마테오 리치와 중국의 재발견

16세기 말부터 17세기 초 사이에, 오르텔리우스의 『세계의 무대』에서조차 왜곡되었던 동아시아의 지리적 모습이 점차 사실에 가깝게 수정될 수 있었던 두 가지 중요한 사건이 발생했다. 이 두 사건 모두 예수회의 동아시아 선교와 직접적인 연관을 맺고 있다.[22] "이 세상 모든 것에서 하나님을 발견하는 것"을 신학의 중심 기조로 삼았던 창립자 이냐시오 로욜라(Ignatius Loyola)의 영성과 아시아 선교의 아버지로 불리는 프란시스코 자비에르(Francisco Xavier)의 헌신의 결과가 그 바탕이 된 것이다. 첫 번째 사건은 이탈리아 출신 예수회 선교사

마테오 리치의 초상화.

마테오 리치에 의한 중국의 재발견과 한반도의 존재에 대한 지리적 확인이었다.

마테오 리치는 1583년 광동성을 통해 중국으로 입국하여, 1610년 베이징에서 사망할 때까지 중국 선교의 기초를 놓은 인물이다. 그는 중국어로 저술한 『천주실의』와 『기인십편』 등을 통해 중국 사람들에게 유교 문화에 토착화된 기독교를 소개함으로써 가톨릭 선교의 새로운 지평을 열었던 인물로 평가받고 있다.[23] 서양의 과학 문물을 중국 지식인들에게 소개하고, 오르텔리우스의 『세계의 무대』를 참고한 세계지도를 중국에서 제작하여, 전통적 화이관(華夷觀)에 물들어 있던 중국인들의 편협한 세계관에 충격을 준 인물로도 유명하다.

1583년부터 중국 본토에서 선교 활동에 매진하고 있던 마테오 리치는 마르코 폴로의 『동방견문록』과 윌리엄 루브룩의 선교보고서에 기록되어 있는 '카타이(Cathay)'가 바로 자신이 거주하고 있는 명(明) 왕조의 중국과 동일한 나라라는 확신을 가지고 있었다.[24] 유럽의 지도 제작자들은 그때까지 카타이와 중국이 같은 지역과 국가를 의미한다는 확신을 가지고 있지 않았다. 따라서 마테오 리치는 1598년에 작성한 선교보고서에

만약 카타이가 중국이 아니라면 동아시아의 패권을 차지하고 있는 중국인들이 그 존재를 알고 있어야 하는데, 아무도 카타이에 대해 아는 사람이 없는 것으로 미루어 보아, 몽골 왕조가 통치하던 카타이가 바로 명나라 한족이 통치하는 중국과 동일한 국가라고 보고했다.[25] 실제로 마테오 리치는 당시 예수회의 아시아 선교 본부 역할을 하던 인도의 고아(Goa)와 유럽으로 서한을 보내 카타이의 영토를 중국 국경 이북에 있는 지역으로 한정시키는 새로운 지도를 제작할 것을 요청했다.[26] 중국과 카타이는 같은 지역을 의미하지만, 윌리엄과 마르코 폴로가 기록한 카타이가 몽골 제국을 뜻했다면 최소한 카타이란 지명은 지금의 몽골이나 그 이북 지역을 지칭하는 지리적 용어로 한정되어야 한다는 것이 마테오 리치의 설득력 있는 주장이었다.

그러나 카타이와 중국이 동일한 국가라는 사실을 실제 측량을 통해 증명한 사람은 16세기 말 인도에서 활동하던 예수회 수사(修士) 벤토 데 고에스(Bento de Goes, 1562~1603)였다. 당시 인도의 고아에서 활동하며 예수회의 아시아 선교의 총책임을 지고 있던 니콜라스 피멘타(Nicholas Pimenta)는 인도 무굴 제국의 황실에서 우연히 카타이에 거주하는 많은 사람들이 기독교를 신봉하고 있었다는 말을 전해 들었다. 카타이가 중국과 동일 국가라고 주장하던 마테오 리치의 보고서에는 전혀 그런 내용이 포함되어 있지 않았기 때문에 니콜라스 피멘타는 이 사실을 실제로 확인하기 위한 탐험대를 구성하기로 하였다. 인도 무굴 제국 황실의 재정적인 도움까지 받아낸 피멘타는 예수회 수사 벤토 데 고에스를 단장으로 하는 탐험대를 인도 서북부로 출발시킨다(1602년). 인도 서북부의 항구도시 아그라(Agra)에서 출발한 탐험대는 지금의 아프가니스탄의 험악한 산악 지대를 거쳐, 실크로드를 따라 당시 명나라 국경인 북쪽의 만리장성(萬里長城)까지 험난한 탐험을 계속했다. 무리한 탐험과 행군으로 지병을 얻은 고에스는 만리장성을 넘어 베이징으로 향하던 길을 포기하고 대신 부리고 있던 무슬림 하인을 시켜 자신의 탐험 기록을 베이징에 거주하고 있는 마테오 리치에게 전달해 줄 것을 지시한다.

마침내 1606년 11월, 벤토 데 고에스의 탐험기록이 베이징에 거주하는 마테오 리치에게 전달됨으로써, 카타이와 명나라 중국이 동일한 지역이라는 마테오 리치의 주장이 공식적으로 확인되었다.[27] 고에스는 탐험 기록과 함께 전달된 보고서에서, 카타이는 바로 중국이며, 자신의 탐험 중에 어떤 기독교인도 발견하지 못했다는 사실을 기록했다. 자신은 지금 병들어 있으며, 보고서를 받는 즉시 구조대를 파견해 줄 것을 요청하고, 베이징과 광동을 거쳐 인도로 돌아가고 싶다는 자신의 소망을 적어 보냈다. 마테오 리치는 포르투갈어를 할 줄 아는 페르난드를 고에스가 머물고 있는 만리장성 부근 국경 마을로 급파했지만, 1607년 3월 페르난드가 도착했을 때, 이미 고에스의 병은 회복할 수 있는 단계를 지나 있었다. 마르코 폴로 이후 중앙아시아를 거쳐 중국 북부 지역을 탐험하고 카타이에 대한 유럽인들의 낭만주의적인 상상력을 현실로 수정시킨 위대한 탐험가 벤토 데 고에스는 1607년 4월 11일 중국의 국경 마을에서 쓸쓸히 운명하고 말았다.28)

섬나라 조선이 반도국으로 밝혀지다

동아시아에 대한 지리적 발견에 미친 마테오 리치의 또 다른 공헌은 조선이라는 나라의 명확한 존재를 유럽 사회에 알리고 조선의 지리적 모습이 윌리엄의 선교보고서에 나타나 있는 것처럼 섬나라가 아니라 반도국(半島國)이라는 사실을 밝힌 것이다. 앞에서 언급한 바와 같이 루브룩의 윌리엄의 기록은 1590년대 초반까지 서양인들, 특히 포르투갈 해상무역 종사자들에게 지속적인 영향을 미쳐, 조선의 모습이 최초로 등장하는 랑그렌(Jacob van Langeren)의 동인도 지도에서 여전히 조선은 둥근 섬나라의 모습으로 그려져 있었다.29)

이 랑그렌의 동인도 지도는 인도와 아시아에서 약 7년 동안 체재하며 각종 지도를 수집했던 얀 호이엔 반 린쇼텐(Jan Huygen van Linschoten)의 『동양수로지 (Itineraio)』에 첨가되어 있던 지도이다. 얀 호이엔 반 린쇼텐은 이 책에서 중국통으로 알려진 홀랜드 사람 더르크 헤리츠존 폼프(Dirck Gerritszoon Pomp)가 제공한 한반도에 대한 지리적 정보를 소개하고 있다.

"일본의 위쪽 북위 34도와 35도 사이에 중국 해안에서

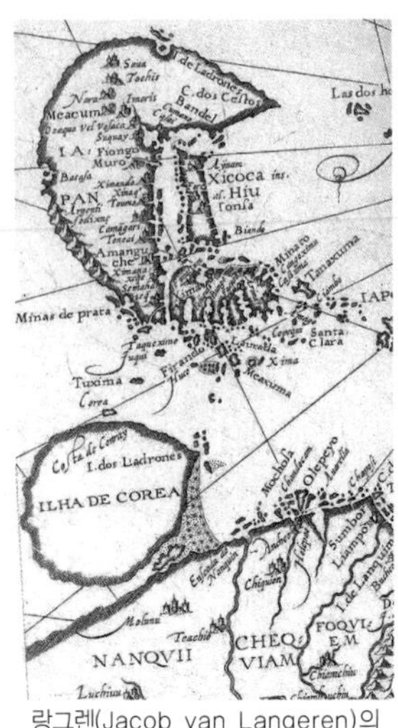

랑그렌(Jacob van Langeren)의 동인도 지도에 나타난 섬나라 조선.

그다지 멀지 않은 또 다른 커다란 섬이 있는데 '코레(Core)' 섬이라고 불리며, 지금까지의 정보로는 섬의 면적, 인구, 교역에 관하여 정확히 알려진 것이 없다. (중략) 남경(Nanquin)만 남동쪽으로 20마일 떨어진 곳에 몇 개의 섬이 있는데, 그 중 가장 동쪽에 있는 섬은 아주 크고 지대가 높으며 많은 사람들이 살고 있고, 도보로 혹은 말을 타고 다닌다. 포르투갈인들은 이 섬들을 '코레(Core)' 섬이라고 불렀으나, 이 섬들은 앞에서 언급한 것처럼 '챠오시엔(Causien, 조선)'이라고 불리며, 북서쪽으로 약간 만입이 되어 있다. 그 초입에 작은 섬이 하나 있는데 항구이기도 한 이곳은 깊지는 않으며, 이곳에 이 나라의 임금이 살고 있다. 이들 중 가장 큰 섬에서 남동쪽으로 25마일 정도 가면 일본(Iapon)의 섬들 중의 하나인 고토(Goto) 섬이 있고 일본은 남경만의 만입 한 구석에 동쪽에서 북쪽으로 60마일 정도 되는 지점에 있다."[30)]

더르크 헤리츠존 폼프의 제한된 증언은 조선을 여전히 왜곡된 형태로 소개하고 있다. 랑그렌의 동인도 지도에 나타난 조선이 둥근 모양의 섬나라로 묘사된 것도 당연한 일이었다. 이 지도가 출간된 1595년까지 유럽인들은 윌리엄의 선교보고서에 의존해서 조선을 섬나라로 이해하고 있었기 때문이다. 이러한 오해는 마테오 리치에 의해 마침내 수정되기에 이른다.

문명의 충돌과 세계관의 변화

마테오 리치는 일본과 조선이 중국의 한자를 공통적으로 사용하고 있는 유교 문화권의 국가임을 알고 있었고,[31] 도요토미 히데요시의 침공으로 조선 땅에서 임진왜란이 시작된 것을 몇 번에 걸쳐 자신의 선교 일지에 기록하였다.[32] "중국 선교 개척의 세 대들보(開敎三大石柱)" 중 한 사람이었던 서광계(徐光啓)와 더불어 조선 선교에도 관심을 가졌던 마테오 리치는[33] 조선과 한반도에 대한 지리학적 중요성을 인식하고 자신이 제작한 세계지도에 한반도를 동아시아 지도에 포함시키게 된다.

마테오 리치가 중국 지식인들에게 소개한 세계지도는 아브라함 오르텔리우스의 『세계의 무대』를 바탕으로 자신의 중국 선교를 통해 새롭게 발견한 동아시아의 지리적 정보를 첨가시킨 지도 제작사상 매우 중요한 자료이다. 1583년 광동성에 체류할 동안 제작된 『곤여전도(坤輿全圖)』와 증보판인 1584년의 『여지산해전도(輿地山海全圖)』, 1600년 난징에서 제작한

『산해여지전도(山海輿地全圖)』, 그리고 유명한 1602년(萬曆 30년)의 『곤여만국전도(坤輿萬國全圖)』는 중국 지식인들의 중화(中華)사상과 전통적 화이관(華夷觀)에 일대 혼란을 초래하는 충격적인 세계지도였다.[34] 중국을 세계의 중심으로 믿고, 중국 주변의 소위 오랑캐 국가들에 대한 정치·문화적 우월감에 사로잡혀 있던 중국 지식인들에게 유럽의 발달한 문명과 신대륙의 존재는 중화사상의 한계를 여실히 드러내었다. 그러나 마테오 리치는 중국의 지리적 위치를 세계지도의 중앙에 그려 넣음으로써 불필요한 충돌을 미연에 방지하는 기지(機智)도 발휘하였다. 그가 참고했던 아브라함 오르텔리우스의 세계지도에서는 유럽이 지도의 중앙 부분을 차지하고 있었기 때문에, 중국은 언제나 세계 지도의 오른쪽 끝에 그려져 있었다. 그러나 마테오 리치는 중국과 유럽의 위치를 바꾸면서, 중화사상의 근본적인 정신은 긍정하면서 동시에 중국적 세계관보다 훨씬 더 넓은 세계의 모습을 중국 지식인들에게 소개한 것이다. 사실, 중국에서 제작된 그의 세계지도들과 모사본들은 중국 지식인들에게 엄청난 충격을 주었고, 기독교와 유럽 문명에 대한 관심을 촉발시켰다. 서광계가 마테오 리치와 처음 만나는 장면에서도 이 세계지도의 영향력이 기록되어 있다. 서광계는 마테오 리치와의 첫 만남을 이렇게 묘사하고 있다.

> "옛날 하남성의 숭산(崇山)을 유람할 때, 천주의 상을 우러러 본 적이 있다. 이것은 대개 유럽으로부터 바다로 배를

타고 건너 온 것들이다. 조중승(中丞)과 오전부(銓部)가 전후하여 판각한 세계지도를 보고 바로 마테오 리치 선생이 있음을 알았다. 리치 선생이 도성에 머무는 동안에 그를 만나서 간략하나마 함께 얘기를 나눠보고는 이 사람은 두루 세상의 모든 것에 박학다식하고 능통한 군자라고 생각했다."[35]

이 글에서 서광계가 목격한 마테오 리치의 세계지도는 1600년 난징에서 제작된 『산해여지전도』일 가능성이 크다. 마테오 리치가 제작한 이 지도를 전부(銓部)라는 난징의 관직을 가지고 있던 오중명(吳中明)이 목각본으로 조판하여 많은 양의 복사본을 중국 여러 곳으로 보냈고 그 중의 한 지도를 서광계가 목격한 것으로 추정된다. 마테오 리치는 자신의 선교 일지에서 『산해여지전도』 사본이 일본에까지 전해졌다고 기록하고 있다.[36]

서광계는 이 글에서, 마테오 리치의 세계지도를 두 명의 중국 관리들이 다시 판각하였으며 자신은 그 지도를 목격하기 전에 이미 마테오 리치가 제작한 세계지도의 존재를 알고 있었다고 기록하고 있다. 이는 마테오 리치의 세계지도가 명나라 말기 중국 지식인들에게 얼마나 중요한 세계관의 변화를 주도했는지 잘 설명하고 있다.

마테오 리치가 1602년에 이지조(李之藻)와 함께 총 6폭으로 제작한 『곤여만국전도』는 그가 이전에 제작했던 지도보다 더 큰 영향력을 남겼다. 마테오 리치는 이 개정판 지도에서 5

개 대륙의 경계를 붉은 색으로 표시하고, 글자의 크기에 따라 각 나라 별로 크고 작음을 표기하면서, 각 지역의 역사·지리적 특징을 첨가시켰다. 마테오 리치 자신을 포함한 이지조, 오중명(吳中明), 양경순(楊景淳), 기광종(祁光宗), 진민지(陳民志)의 발문(跋文)을 함께 포함시켰으며, 일반 천문학과 지리학에 대한 설명을 첨가했다. 1602년판 『곤여만국전도』는 1608년에 다시 제작되어 당시 명나라의 황제였던 신종(神宗)에게 헌상되었는데, 학자들은 이를 『곤여만국전도』와 구별하기 위해 『헌상판곤여만국전도(獻上版坤輿萬國全圖)』라고 부르는데 현재까지 그 원본은 확인되지 않고 있다.

한편, 현재 서울대학교 박물관이 소장하고 있는 『회입곤여만국전도(繪入坤輿萬國全圖)』는 1602년에 제작된 원본이 아니라 1708년의 모사본이다. 이보다 앞서 조선 숙종(肅宗)의 지시로 당시 관상감(觀象監)이었던 이국화(李國華)와 류우창(柳遇昌)의 감독 아래 화가 김진여(金振汝)가 그린 『곤여만국전도』의 모사본은 경기도 양주의 봉선사에서 보관되어 오다가, 아쉽게도 한국전쟁 동안 유실되고 말았다.

마테오 리치는 1602년판 『곤여만국전도』에서 조선을 '섬나라'가 아닌 '반도국'으로 정확하게 그려 넣었다. 루브룩의 윌리엄에 의해 잘못 알려졌던 한반도에 대한 지리적 왜곡이 처음으로 수정된 것이다. 그는 반도로 묘사된 조선국의 역사에 대해서 다음과 같은 설명을 첨가하였다.

"조선은 기자(箕子)가 봉한 나라인데 한나라와 당나라 때는 모두 중국의 도읍이었다. 지금은 조공국 가운데 첫 번째 국가이다. 예전에는 삼한, 예맥, 발해, 실직(悉直), 가락, 부여, 신라, 백제, 탐라 등의 나라가 있었으나 지금은 모두 (조선에) 병합되었다."[37]

임진왜란이후 조선은 보은(報恩)의 차원에서 중국 명나라 황제 신종(神宗)의 연호를 국호로 사용하는 등, 외교상 친화(親華) 정책을 고수했다. 마테오 리치의 기록에는 당시 조선과 중국 간의 종속적인 외교 관계가 잘 드러나 있다.

동아시아의 지리에 대한 오해

마테오 리치가 1602년 베이징에서 제작한 『곤여만국전도』에서 조선은 섬나라가 아니라, 중국 대륙 동쪽에 위치한 반도국임이 분명히 드러났다. 서양의 세계지도 제작사에서 처음으로 조선이 구체적인 지리적 위치를 차지하게 된 경위는 예수회 선교사 마테오

마테오 리치, 『곤여만국전도』 동아시아 지역(1602년).

리치의 노력을 통해서였던 것이다.[38] 그러나 마테오 리치의 『곤여만국전도』는 중국 지식인들에게 중화사상의 한계를 드러내기 위한 고도의 선교 전략적 목적으로 제작되었기 때문에 동시대 유럽인들의 동아시아 이해에 직접적인 영향을 미치지 못했다. 이 지도의 관객은 유럽 사람이 아니라 중국인들이었기 때문이다.

아래 지도는 최근에 유럽에서 발견된 1590년대 동아시아 지도인데, 여전히 조선의 지리와 동아시아의 모습이 심하게 왜곡되어 있음을 볼 수 있다. 이 지도는 마르코 폴로 이후부터 예수회 선교 초기 단계까지 중국과 동아시아에 대한 지리적 발견 정도를 보여주고 있는 희귀한 역사 자료이다. 중국 15개 행정 단위가 정확하게 구분되어 있고, 만리장성의 위치가 그림으로 표시되어 있으며 예수회 선교사들이 선교 활동을 전개하고 있던 성당의 위치까지 정확하게 그려내고 있다. 그러나 조선의 모습은 마테오 리치의 지리적 보고가 있었음에도 불구하고, 여전히 한반도의 북쪽 끝만 중국 대륙과 연결되어 있는 왜곡된 모습을 보이고

『Sinarum Regni Alioruq. Regno/Ru Et Insularu Illi Adiacentium Descriptio』. 제작자 미상. 1590년경 제작 추정.

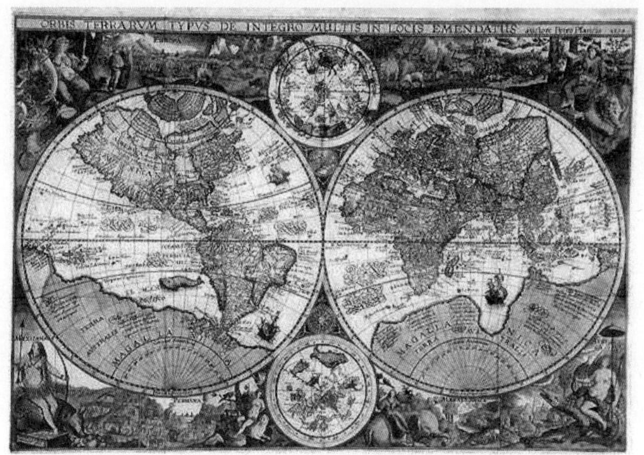

플란치오, 『Orbis Terrarum Typus de Integro Multis in Locis Emendatu』, 1594.

있다.[39] 일부 학자들은 분명한 제작 시기를 알 수 있는 이 지도를 조선이 세계지도에 반영된 최초의 지도라고 간주하기도 한다.

한상복과 홍시환의 주장에 따르면, 1595년 암스테르담에서 출간된 페트로 플란치오(Petro Plancio, 1552~ 1622)의 『Orbis Terrarum Typus de Integro Multis in Locis Emendatu』에 최초로 조선의 지리적 존재가 세계지도에 반영되기 시작했다고 본다.[40] 반면에 나타니엘 해리스(Nathaniel Harris)는 디오고 호멤(Diogo Honem)의 1558년 아시아 지도에 이미 조선의 지리적 존재가 드러나 있다는 견해를 펼치고 있다.[41] 그러나 문제는 마테오 리치의 1602년 『곤여만국전도』에서 조선이 섬나라가 아니라 반도국임을 분명히 표현했음에도 불구하고, 조선이 섬나라이거나 혹은 줄기에 달려있는 긴 오이 모양의 지리적 형태를 가지고 있다는 견해가 지속적으로 받아들여졌다는 것이다. 17세기 중반까지 조선에 대한 이러한 지리적 오해는 수정 없이 반복되었다.

17세기 중반까지의 한반도에 대한 지리적 이해

섬나라 꼬레아와 지도상의 변화

마테오 리치의 중국 선교 활동 기록과 그가 제작한 지도를 통해 한반도에 대한 지리적 이해가 점차 사실에 근접해 가고 있었지만, 17세기 초반의 유럽 사회는 여전히 조선의 존재와 한반도의 지리적 특성에 대해 제한된 정보를 가지고 있었다. 예를 들면, 스페인 왕실의 공식 지도 제작자였던 포르투갈 출신의 예수회 신부 루이스 테이세이라(Luis Teixeira, 1564~1604)는 오르텔리우스에게 보낸 1592년 2월의 서신과 첨부한 지도에서 조선을 섬나라로 표현하고 있다. 한 번도 일본을 방문해 본 적이 없는 테이세이라는 1590년대 일본에서 활동했던 예

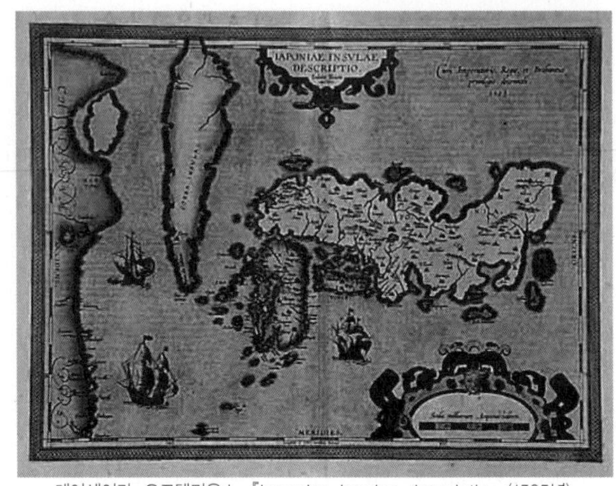

테이세이라-오르텔리우스, 『Iaponiae insulae descriptio』(1595년).

수회 선교사들의 도움으로 이 지도를 손에 넣게 된 것으로 추정된다. 그는 오르텔리우스에게 보낸 서신에 자신이 확보한 일본 지도를 그대로 모사(模寫)한 지도를 첨부했다. 이 테이세이라의 일본 지도를 자신의 1595년판 세계지도 총람에 포함시킨 아브라함 오르텔리우스는 조선의 모습을 그려 넣고, 그 영토 안에 '섬나라 꼬레아(Corea Insula)'라고 이름을 붙였다.42) 지도 제작사상, 이 1595년판 테이세이라-오르텔리우스의 『일본 열도 지도(Iaponiae insulae descriptio)』는 일본을 최초로 독립적으로 묘사한 유럽 지도로서 역사적 의미를 가지고 있다.

1602년에 제작된 마테오 리치의 『곤여만국전도』에서 조선이 반도 국가라는 사실이 명시되었음에도 불구하고, 17세기 유럽의 지도 제작자들은 테이세이라-오르텔리우스의 일본

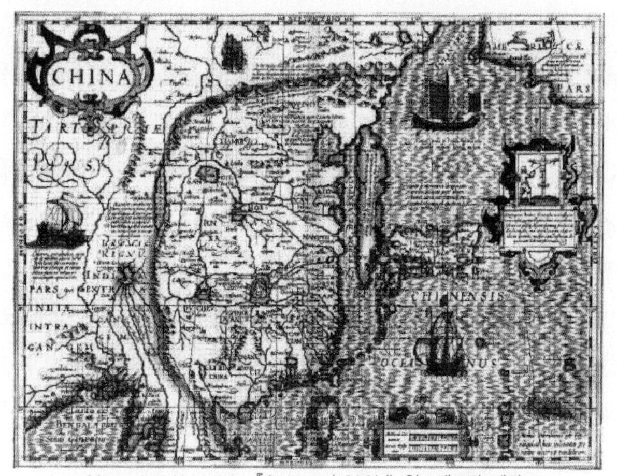

Mercator-Hondius, 『China』 (1633년) 암스테르담 제작.

지도가 묘사한 한반도의 이미지를 가지고 있었다. 테이세이라와 오르텔리우스에 의한 한반도 묘사는 홋카이도를 일본 지도에서 생략한 것과 함께 17세기 중반까지 유럽의 지도 제작에 영향을 미쳤다. 17세기 최고의 지도 제작자로 알려져 있는 요도쿠스 혼디우스(Jodocus Hondius)도 17세기 중반까지 이러한 조선과 한반도의 지리적 특성에 대한 왜곡된 이해를 가지고 있었다.

플랑드르(현재의 벨기에 서부 및 네덜란드 남서부 지방) 출신인 요도쿠스 혼디우스는 영국에서 지도 제작 사업에 관여하기 시작했다가, 1593년 암스테르담으로 이주하면서 본격적으로 세계지도 제작자로서 활동하기 시작했다. 메르카토르의 유가족이 1604년 경매에 넘긴 세계지도 총람의 원판을 구입하여,

이를 바탕으로 추가로 확인된 지리적 발견을 반영한 새로운 세계지도 총람을 만들기 시작했다. 혼디우스가 사망한 1612년 이후에도 그의 후손들에 의해 계속해서 새로운 메르카토르-혼디우스판 세계지도가 출간되었는데, 앞쪽의 지도는 1633년에 암스테르담에서 제작된 것이다. 이 지도는 테이세이라와 오르텔리우스의 1595년 『일본 열도 지도』로부터 영향을 받고 있는데, 조선은 섬나라와 반도국의 중간 형태로 그려져 있다. 조선이 반도 국가라는 마테오 리치의 주장과 테이세이라-오르텔리우스의 지도에 나타난 섬모양이 절충된 형태라고 보여진다. 일본에서 일어난 도요토미 히데요시 시대 이후의 대대적인 기독교 박해 장면이 이 지도상에 반영되어 있는 것도 흥미롭다. 이 박해 사건이 임진왜란 이후에 일어난 것을 고려할 때, 세스페데스(Gregorio de Cespedes) 등 예수회 선교사들이 일본 군대와 함께 조선에 상륙했다고 하더라도, 최소한 이들 예수회 선교사들의 한반도에 대한 지리적 고찰은 포함되지 않은 것으로 추정된다.43) 또한 중국 내륙 부분의 빈 공간에 그려져 있는 바람을 이용한 이동 수단의 모습도 매우 인상적이다.

조선을 반도 국가가 아닌 '섬나라'로 묘사한 유럽의 세계지도 제작자들의 오류는 17세기 중반까지 계속되었다. 유럽 국가들과 일본과의 교역이 활발해짐에 따라 일본 열도에 대한 지리적 묘사는 점점 더 정밀하게 발전되어 갔지만, 여전히 조선은 섬나라의 모습으로 왜곡되어 있었다. 요하네스 얀소니우스(Joannes Janssonius, 1588~1664)가 1650년도에 제작한 일본

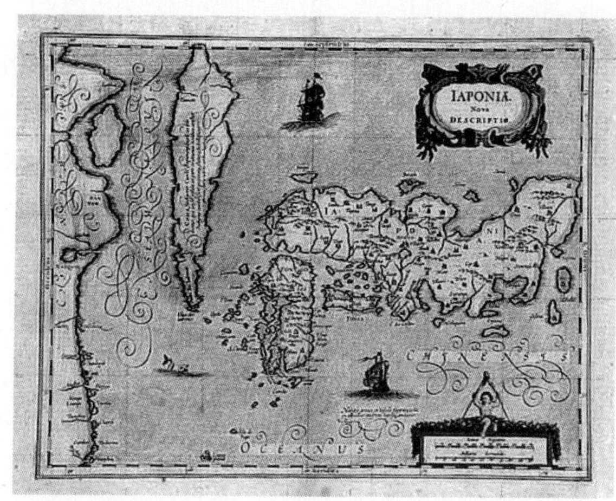

Joannes Jansonius, Iaponiae Nova Descriptio (1650년) 암스테르담 제작.

지도에 의하면, 일본 열도는 점점 상세한 지리적 특성이 반영되어 가는데, 한반도나 제주도를 위시한 한반도 남단에 대한 아무런 지리적 조사가 이루어지지 않았음을 확인할 수 있다.

역시 같은 시기에 제작된 중국 지도에서도 사정은 마찬가지였다. 세계지도 제작자들의 관심이 주로 중국과 일본에 집중되어 있었기 때문에, 조선은 여전히 섬나라 혹은 긴 오이 모양의 심각하게 왜곡된 모습을 유지할 수밖에 없었다. 그러나 시간이 경과함에 따라 한반도 남단의 섬들과 제주도에 대한 정보가 알려지면서 점차 한반도 남단의 모습이 복잡하게 그려지기 시작한다.

요안 블루에(Joan Blaeu, 1596~1673)의 1640년판 중국 지도에는 만리장성의 존재가 명확하게 표시되어 있고, 한반도 남

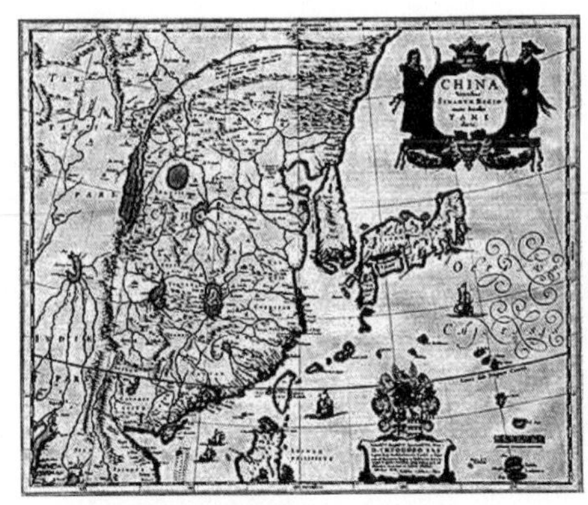
블루에, 『China Veteribus Sinarum Regio Nunc Incolis Tame Dicta』, 1640년.

단의 제주도와 대마도가 포함되어 있는 것을 볼 수 있다. 그러나 일본 지도에서 아직 홋카이도가 등장하지 않고 있는 것도 주목할 만한 사실이다.

블루에 가문은 17세기 중반 이후 네덜란드의 세계지도 제작술을 선도했던 집안이었다. 1629년 혼디우스의 유산으로 남아있던 메르카토르-혼디우스 세계지도 총람 원판을 입수한 요안 블루에의 부친 빌럼 얀스본 블루에(Wellem Janszoon Blaeu, 1571~1638)에 의해 네덜란드의 지도 제작술은 세계 최고의 수준을 자랑하기에 이르렀다. 1599년경 네덜란드의 암스텔담으로 이주한 빌럼 얀스본 블루에는 1617년까지 그의 라틴 이름을 얀소니우스(Janssonius)라고 표기하거나 서명함으로써 당시 지도 제작과 관련하여 라이벌이었던 요하네스 얀소니우스와 혼동을 일으키기도 하였다. 혼동을 피하기 위해 빌럼 얀스본 블루에(Wellem Janszoon Blaeu)란 이름을 사용하기 시작한 그는 메르카토르-혼디우스의 세계지도 총람 원판에 최근의 지리적 발견을 첨가한 자신의 지도가 메르카토르, 오르텔리우스 그리고 혼디우스로 내려오는 세계지도 제작의 전통을 집대성했다고 선언했다. 빌럼 얀스본 블루에의 공적을 인정한 네덜란드 정부는 그를 네덜란드 동인도 회사(Dutch East India Company)의 공식 지도 제작자로 임명하였다(1634년). 빌럼 얀스본 블루에의 명성은 1635년에 출간된 『신 세계지도 총람(Novus Atlas)』으로 최고조에 이른다. 여러 나라 언어로 번역되어 출간되었던 이 17세기 중엽의 세계지도 총람은 모두 207개(혹은 208개)로 화려한 채색을 입힌 각 지역지도와 세계지도를 포함하고 있었다.

1638년에 사망한 빌럼 얀스본의 뒤를 이어 지도 제작의 가업을 이어받은 아들 요안 블루에는 그의 부친과 함께 출간했던 1635년판 『신 세계지도 총람』의 후속편을 1655년까지 계속 발간한다. 1645년에 출간된 『신 세계지도 총람』의 네 번째 책은 영국의 대표적 지도 제작자 존 스피드(John Speed)의 영국 지도를 첨가하였고, 1654년에 출간한 다섯 번째 책은 스코틀랜드 지역을 최초로 포함하고 있다. 1655년에 마지막으로 첨가된 여섯 번째 책은 그동안 불확실한 지리적 정보로만 알려져 왔던 동

요안 블루에의 초상화.

아시아의 새로운 지리적 발견을 담고 있다.

요안 블루에의 『신 세계지도 총람』

1635년부터 1655년까지 20년 동안 여섯 권의 책으로 집대성된 요안 블루에의 『신 세계지도 총람』은 부친 빌럼 얀스본이 남긴 지도 제작자로서의 명성과 17세기 네덜란드 지도 제작술의 화려한 전통을 이어갔다. 그러나 법학박사 학위를 소지하는 등 다른 지도 제작업자들과는 관심 분야가 달랐던 요안 블루에는 여기서 만족하지 않았다. 그는 여섯 권의 『신 세계지도 총람』을 더욱 확대시킨 『대 세계지도 총람』의 초판을 1662년에 출간했다. 총 11권의 라틴어판로 출간된 이 지도 총람은 모두 600여장의 각 지역지도와 세계지도를 포함하고 있으며, 무려 3,000페이지 분량의 내용을 담고 있다. 흑백 판형과 칼라판으로 출간된 『대 세계지도 총람』은 유럽 귀족들의 소장품으로 각광을 받으면서, 황금 도금을 포함한 화려한 채색이 첨가되기도 했다.

블루에의 지도 제작 사업은 급증하는 지도 주문과 불어판, 네덜란드판, 독일어판, 스페인어판 제작을 통해 확대일로를 걸었지만, 1672년 갑작스런 화재로 인해 지도 제작 원판이 소실됨으로써 급격한 쇠퇴의 길로 접어들기 시작했다. 화재와 사업 실패의 충격을 극복하지 못한 블루에는 이듬해에 숨을 거두었다. 지리적 발견과 연관된 블루에 세계지도의 공헌은 1662년의 세계지도에서부터 새롭게 발견된 호주(Australia)가 불확실하게나마 지도상에 모습을 드러내기 시작했다는 점이다.

또한 요안 블루에는 1655년판『신 세계지도 총람』의 마지막 여섯 번째 책에서부터 조선의 모습을 정확한 반도 국가로 그리기 시작하였다. 요안 블루에가 이런 수정을 할 수 있었던 것은 17세기 명청(明淸) 전환기에 중국에서 활동했던 예수회 선교사 마르티노 마르티니(Martino Martini, 1614~1661)의 중국 지도가 있었기 때문이다.

동아시아의 지리적 발견과 마르티노 마르티니

오스트리아 출신 예수회 선교사 마르티노 마르티니가 1653년 비엔나에서 출간한 『신 중국 지도 총람(Novus Atlas Sinensis)』은 17세기 중반 이후 유럽의 지도 제작자들이 가지고 있던 동아시아에 대한 지리적 오해를 일시에 불식시킨 지도 제작사상 매우 중요한 자료이다. 로마대학의 아타나시우스 키르체르(Athanasius Kircher)로부터 수학을 배운 마르티니는 1643년 예수회 소속 선교사로 중국에 도착하여 1650년에 다시 로마의 중국 선교 담당자로 소환될 때까지 중국의 지리를 체계적으로 연구했다. 특별히 그는 중국에 체재하는 동안 중국의 지리학자 나홍선(羅洪先, 1504~1564/5)이 만든 『광여도(廣輿圖)』를 개정한 주사본(朱思本)의 중국 지도를 입수했다.

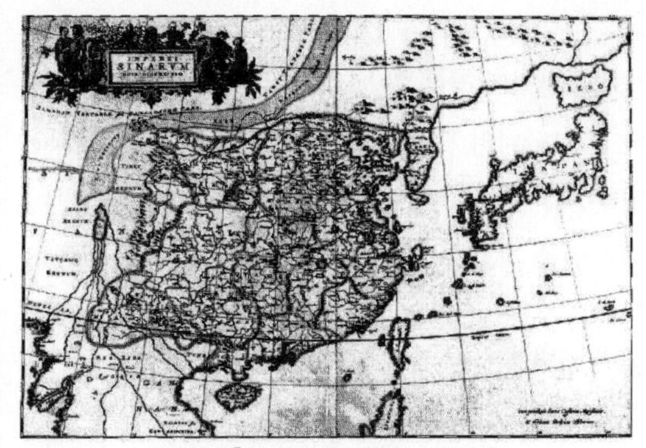
마르티니 『신 중국 지도 총람』(1655년).

주사본의 지도 원판으로 사용된 나홍선의 『광여도』에는 고려 시대에 제작된 것으로 추정되는 조선의 지도가 포함되어 있었다. 따라서 마르티니의 중국 지도 수집과 함께 조선의 지리적 정보가 유럽으로 흘러 들어가게 된 셈이다.

한편, 중국에서 수집한 지리 정보를 가지고 1650년 로마를 향해 출발한 마르티니는 3년 동안의 긴 항해를 거쳐 1653년 노르웨이에 도착했다. 그는 예수회 본부가 있던 로마로 돌아가는 도중에 암스테르담을 방문하여 당시 지도 제작자로 명성을 날리고 있던 요안 블루에 박사를 만나 새로운 중국의 지도 제작을 위한 공동 작업을 추진한다. 그는 나홍선의 『광여도』와 같은, 중국의 지리학자들에 의해 제작된 중국 지도를 이용하여 요안 블루에와 함께 이전의 유럽 지도 제작자들이 가지고 있는 중국 지리에 대한 부족한 부분을 보충할 수 있었다. 1655년에 출간된 마르티니의 『신 중국 지도 총람』은 17장의 상세한 중국 각 지역의 지도와 171페이지에 달하는 자세한 설명을 통해 중국 전역의 상세한 지리적 정보를 소개하고 있다. 앞의 지도는 마르티니의 『신 중국 지도 총람』에 포함되어 있는 중국 지도이고, 아래의 지도는 마르티니의 영향을 받은 요안 블루에의 『일본 지도』이다. 마르티니의 이 중국 지도는 요안 블루에의 1655년판 『신 세계지도 총람(Novus Atlas)』의 마지막 6권에 포함되어 있다.[44]

마르티니의 중국 지도와 함께 포함된 조선의 모습은 마테오 리치의 『곤여만국전도』에 나타난 한반도의 모습을 차용하였거나, 동일한 모습을 따랐던 후대의 지도를 사용한 것으로 보인다. 한반도 부분에 '코레아 페닌슐라 Corea Peninsula'라는 표현을 삽입시킴으로써 조선이 섬나라가 아니라 반도국임을 다시 한번 강조하고 있다. 한반도의 남단에 실제보다 과장된 크기의 제주도가 '풍마 섬(I. Fungma)'이라는 이름으로 소개되

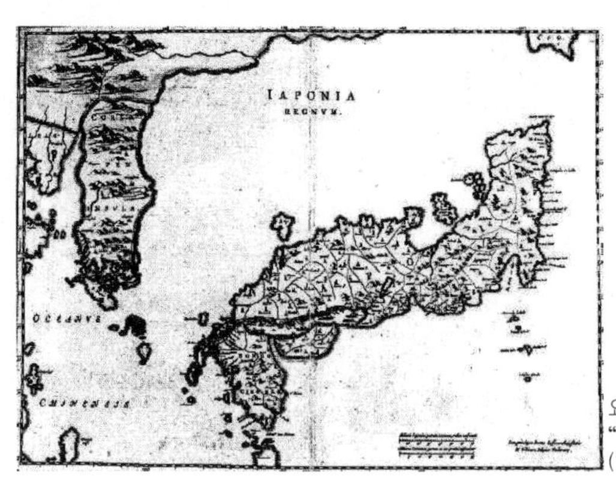

요안 블루에, "Iaponia Regnum" (1655년).

어 있는 것도 흥미로운 발견이다. 풍마(豊馬)나 풍마(風馬)의 의미로, 바람(風)과 말(馬)이 많은 섬이란 뜻에서 유래된 말로 추측된다. 이 마르티니의 중국 지도는 17세기 유럽의 동아시아에 대한 지리적 이해를 주도하면서 1735년의 프랑스의 지도 제작자 당빌에 의해 『중국 제국의 지리 역사적 안내도』가 출간될 때까지 약 80년 동안 그 영향력을 미치게 되었다.

헨드릭 하멜의 『표류기』와 한반도

17세기 조선과 유럽의 우연한 만남

예수회 선교사 마르티노 마르티니의 『신 중국 지도 총람』이 1655년 유럽에서 출간되면서 동아시아에 대한 유럽인들의 지리적 이해는 새로운 차원으로 격상되었다. 단순히 동아시아 국가들의 지리적 존재를 넘어 구체적인 지형과 국가의 형태가 서서히 알려지기 시작한 것이다. 그러나 여전히 조선과 한반도는 미지의 땅으로 남아 있었다. 마테오 리치와 마르티노 마르티니에 의해 반도국이란 사실은 확인되었지만, 조선의 지형이나 사회구조 혹은 국가 통치 형태에 대한 아무런 정보도 알려지지 않았다. 조선과 한반도에 대한 17세기 유럽인들의 무지는 아주 우연한 기회를 통해서 극복되기 시작했다. 1653년 8월 16일, 네덜란드 동인도 회사 소속의 스패로 호크(Sparrow Hawk)호가 제주도 연안에 좌초하면서, 헨드릭 하멜(Hendrick Hamel, 1630~1692)을 포함한 36명의 유럽인들이 조선의 영토로 입국하게 되었기 때문이다. 북위 33도 32분의 제주도 인근에서 폭풍우를 만나 총 64명의 승무원 중 28명의 선원이 목숨을 잃는 참사와 함께 조선과 유럽의 17세기적 만남이 일어난 것이다. 암스테르담 출신의 레이닐 에프베르세 선장도 이때 함께 목숨을 잃었다.

36명의 생존자들은 제주도의 지방 장관이었던 목사 이원진(李元鎭)에 의해 제주성에서 보호되었다. 제주 목사 이원진은 조선 실학의 태두였던 이익의 종숙으로, 3년간 제주 목사의 임기를 마치고 귀경을 준비하고 있을 때, 유럽의 불청객을 만나게 된 것이다. 스패로 호크호의 서기였던 하멜은 이원진이 난파한 유럽 사람들에게 친절을 베풀었다고 기록하고 있으며, 또한 지리학적으로 제주도에서 서울까지의 거리가 해상으로는 약 12-13마일이고, 육상으로는 약 70마일 정도라고 소개하고 있다.

> "이 총독(목사)은 아주 분별력이 있는 인물로 나중에 안 사실이지만 70세 전후의 나이에 수도 출신이며, 궁정에서 아주 존경받고 있었습니다. 그는 우리에게 자신은 국왕에게 편지를 보내고 자신이 해야 할 일에 대해 명령을 기다리고

있다고 설명했습니다. (수도까지는) 해상을 12-13마일 항해하고 또 육로로 70마일 정도 가야 하기 때문에 국왕의 회답은 아직 도착하지 않았습니다. 그래서 우리는 총독에게 국왕의 편지가 도착하기를 기다리는 사이에 쌀과 소금만으로는 더 이상 연명할 수 없으므로, 때때로 소량의 고기와 다른 부식물을 지급해 줄 것과 기분 전환과 조금밖에 없는 의복을 빨기 위해 매일 교대로 6명씩 외출시켜 줄 것을 요청했습니다. 그는 이를 허락했고 우리에게 부식물을 주도록 명령을 내렸습니다. 그는 때때로 우리를 불러 우리말이나 그들 말로 서로 물어보거나 쓰기도 했습니다. 그 결과 마지막에는 더듬거리는 말이지만, 몇 마디씩 서로 할 수 있게 되었습니다. 그는 또 가끔 연회를 열거나 오락거리를 주어 우리의 슬픔을 잊게 하려고 노력했습니다. 그는 매일같이 '국왕으로부터 회답이 도착하면 곧바로 여러분은 일본으로 송환될 것이다.'라며 우리에게 용기를 주었습니다. 그는 또 부상자를 치료해 주었습니다. 이처럼 우리 그리스도 교도들은 이 이교도로부터 과분하다 싶을 정도로 대접을 받았습니다."[45)]

하멜을 포함한 36명의 유럽 사람들이 제주도 성에 머물고 있을 무렵, 당시 조선의 국왕은 효종(孝宗)이었다. 『조선왕조실록』 효종 4년(1653년)의 기록에는 당시 표류했던 유럽인들이 가지고 있던 한반도 주변 동아시아에 대한 지리적 이해가 포함되어 있다.

"제주목사 이원진이 치계(馳啓)하여 말하기를, 배 한 척이 본도 남방 해안에 난파하였다. 대정현감 권극중과 판관 노정에게 병사를 딸려 보내 조사하게 했는데 어느 나라 사람인지 알 수 없다. 바다에서 전복한 배의 생존자는 38명, 말이 통하지 않고 문자도 달랐다. (중략) 일본어를 아는 자도 있는데 '그대는 서양의 기리시단(吉利是段)인가'라고 질문하자 모두들 '예수! 예수!'라고 대답했다. 우리나라를 묻자 '고려'라고 말하고, 이 섬(제주도)을 물으면 '오질도(吾叱島)'라고 대답했다. 중국을 가리켜 물으면 '대명(大明)' 또는 '대방(大邦)'이라 말하고 서북을 가리켜 물으면 '달단(韃靼: 타타르)'이라고 말했다. 정동(正東)을 가리켜 물으면 '일본'이라고 말하거나 '낭가삭기(郎可朔其: 나가시키)'라 대답했다. 가고 싶은 곳을 묻자 '낭가삭기'라고 한다. 이에 조정에서는 서울로 호송하라고 명령했다."46)

『조선왕조실록』 효종 4년(1653년)의 기록을 검토해 볼 때, 당시 동아시아를 오가던 유럽 사람은 한·중·일 삼국의 주권적 독립을 잘 이해하고 있었던 것으로 보인다. 제주도가 '고려' 소속의 영토이며, 자신들이 표류한 곳은 중국과 일본이 아닌 조선이란 사실을 잘 알고 있었던 것으로 추정된다.

제주도에서 약 10개월 동안 억류 생활을 하다가 서울로 압송된 유럽인들은(1654년 5월), 자신들보다 먼저 조선에 표류하여(1627년) 정착해 살고 있던 박연(朴燕 혹은 朴延)이란 이름을 가진 네덜란드인 벨데브레(Jan Janse Weltevree)가 소속되어 있던 훈련도감에서 집단생활을 하게 된다. 서양식 대포와 총포 기술을 가지고 있던 이들은 조선 정부의 호기심의 대상이었다. 그러나 이들 중의 일부가 1656년 4월, 조선을 방문중이던 청나라 사신에게 접근하여 본국 귀환을 호소하는 말썽을 일으키자, 곧 전라도 강진의 병영으로 집단 이송되었다. 1660년대 초반의 살인적 흉년 때문에 더 이상 외국인을 집단적으로 수용할 수 없게 되자, 이들은 다시 신성(新城)과 순천, 그리고 남원으로 각각 소개(疏開)되었다. 걸식으로 연명하던 이들은 1666년 조선을 탈출하여 8명이 일본 나가사키로 돌아갔다. 조선 체류를 원하던 1명을 제외한 7명의 생존자도 1668년 일본으로 귀환함으로써 17세기 중반의 조선과 유럽의 우연한 만남은 종결되었다.47)

흔히 『하멜의 표류기』로 알려져 있는 하멜의 기록은 17세기 후반 유럽 사람들의 조선과 한반도에 대한 지리적 이해를 결정하는데 일정한 도움을 주었다. 물론 하멜은 자신의 경험을 바탕으로 조선의 지도를 제작하지도 않았고, 조선의 지도를 입수하지도 못했다. 그러나 그는 조선 사람들이 자기들 나라를 타원형으로 묘사한 지도를 본 적이 있다는 기록을 남겼다. 하멜의 기록으로 인해, 유럽의 지도 제작자들은 다시 혼란에 빠지게 되었다. 마테오 리치와 마르티노 마르티니의 동아시아 지도에는 분명히 조선이 반도국이라고 되어 있는데, 그곳에서 억류 생활을 했던 하멜은 조선이 타원형의 섬나라라고 보고했기 때문이다.

아랍인과 신라의 만남

한편 이미 8세기경부터 신라와 교역을 전개해 왔던 아랍인들은 유럽의 지도 제작자들보다 훨씬 이른 시기에 한반도의 존재를 그들의 지도상에 반영하고 있었다. 따라서 한반도를 포함한 동아시아에 대한 아랍인들의 지리적 이해는 유럽인들보다 훨씬 앞서 있었다. 한반도에 대한 이들의 지리적 이해는 루브룩의 윌리엄의 선교 보고에 나타난 '카울레(Caule)'에 대한 기록(1254년)보다 무려 4~5백년 정도 앞선 것으로 추정된다. 뿐만 아니라 아랍 무슬림들은 당시 신라시대의 모습을 자세히 묘사하기도 하였다.

아랍 무슬림의 문헌 가운데 신라에 대한 설명이 제일 먼저 등장하는 것은 851년에 쓰여진 쑬라이만의 『중국과 인도 소식』이다. 이 책에서 저자는 신라가 중국의 동쪽 해안에 위치

아랍 무슬림 지리학자들의 연구 모습.

하고 있는 나라임을 밝히고 있다. 또한 무슬림 지리학자 마끄디씨(al-Maqdisi)는 966년에 저술한 『창세와 역사서』에서 "중국의 동쪽에 신라라고 하는 나라가 있는데, 그곳에 들어간 사람은 공기가 맑고 부가 많으며 땅이 기름지고 물이 좋을 뿐 아니라, 주민의 성격 또한 양순하기 때문에 그곳을 떠나려 하지 않는다."고 설명하고 있다.48)

중국 이슬람 세계뿐만 아니라 서구 유럽 사회에도 지대한 학문적 영향을 미쳤던 이드리씨(Abu 'Abdallah al-Idrisi, 1100~1165/66)가 1154년에 제작한 세계지도에는 신라가 중국의 해안에 흩어져 있는 여러 섬나라 중의 하나로 묘사되어 있다. 그는 이 지도를 『천애 횡단 갈망자의 산책』이라는 유명한 역사지리서에 포함시켰다. 이 책에서 이드리씨는 신라의 지역적 특징을 소개하면서, "그곳을 방문한 여행자는 누구나 정착하

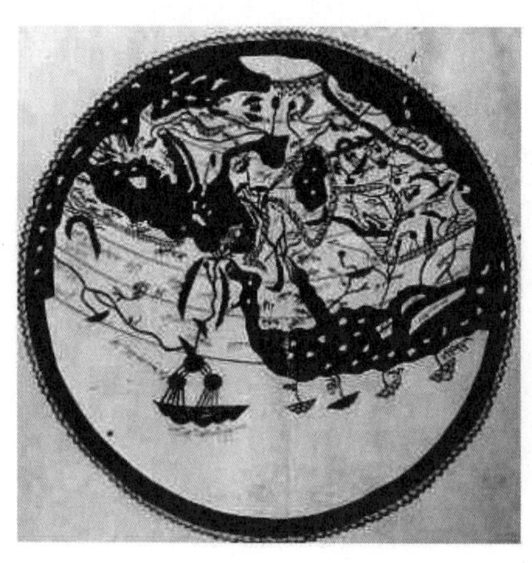

이드리씨의 세계지도.

여 다시 나오고 싶어 하지 않는다. 그 이유는 그곳이 매우 풍족하고 이로운 것이 많은 데 있다. 그 가운데서 금은 너무나 흔한바, 심지어 그곳 주민들은 개나 원숭이의 목을 묶는 줄도 금으로 만든다."는 기록을 첨가하고 있다.[49] 당시 신라와 아랍 무슬림 상인 사이의 활발한 교역에 대해 정수일은 아래와 같이 설명한다.

"신라와 아랍 간에는 교역도 진행되고 있었음이 아랍 문헌에 의해 확인된다. 아랍-무슬림들의 신라 왕래에 관한 첫 기록을 남긴 지리학자 이븐 쿠르다지바는 역사지리서 『제도로 및 제왕국지』(845)에서 신라의 지리적 위치와 황금의 산출, 그리고 아랍인들의 왕래에 관해 기술한 다음 신라에서 수입한 물품으로 비단, 검, 사향, 침향, 말안장, 초피, 도기, 범포(帆布), 육계(肉桂) 등을 나열하고 있다. 이와 더불어 한반도에서도 아랍을 비롯한 서역계의 유물이 다수 발굴되고 있다. 그 대표적인 것이 유향(乳香)과 안식향(安息香)을 비롯한 아랍산 향료, 신라 고분과 사찰에서 출토된 각종 유리기구, 일반 서민들까지도 애용한 슬슬(瑟瑟, 서역산 보석)이나 구슬 같은 기호품, 단검이나 토용이다."[50]

아랍 무슬림들은 유럽인들보다 훨씬 빠른 시기에 프톨레미의 지리학적 정보를 수용하면서, 이를 중개무역을 위한 교역로 개척이나 메카 성지 순례를 위해 사용하여 왔다. 예언자 무하마드 자신도 계시를 받기 전에는 성공한 아라비아 반도의 무역상이었다. 11세기 후반에 중국에서 발명된 나침반을 지리적 발견과 항해에 본격적으로 사용한 사람들도 아랍 무슬림들이었다. 12세기 중엽 스페인 꼬드로바에서 태어나 시칠리아 섬의 노르만 왕국 왕실에서 평생 지리학을 연구했던 이드리씨는 세계지도와 70개의 지역지도를 포함한 『천애 횡단 갈망자의 산책』을 1154년에 출간함으로써 지리학을 통해 유럽과 이슬람 사회를 학문적으로 연결시켰다.

뿐만 아니라 14세기의 모로코 출신 여행가인 이븐 바투타(Ibn Battuta, 1304~1368)는 중국과 동남아시아를 포함한 아시아, 아프리카 그리고 유럽의 각지를 여행한 다음 탁월한 여행기록 문학의 정수인 『이븐 바투타 여행기』를 남겼다.[51] 이븐 바투타가 1325년부터 1354년까지 약 30년 동안 세 대륙을 섭렵하며 진귀한 역사 지리 종교적인 정보를 남길 수 있었던 배경에는 "10세기를 전후한 이슬람 문명의 전성기에 많은 아랍 무슬림 학자와 여행가, 상인들이 세계 방방곡곡을 누비면서 현지 견문기 등 귀중한 기록들을 많이 남겨" 놓았던 이유가 있었다.[52]

프랑스 예수회 선교사들과 한반도의 과학적 측량

프랑스 선교사들의 지리적 측량과 강희제

16세기 초부터 본격화되기 시작한 유럽 열강의 동아시아 진출의 역사는 포르투갈, 덴마크, 프랑스, 영국의 순서로 진행되었는데, 특별히 프랑스의 동아시아와 중국 진출은 1688년에 도착한 프랑스 출신 예수회 선교사들의 중국 입국으로부터 본격화되었다. 파리 외방선교회(Missions Étrangè de Paris)에서 파송된 프랑스 선교사들은 1684년부터 중국에서 활동을 개시했지만, 프랑스의 국왕 루이 14세와 프랑스 국립과학원의 후원으로 1688년 중국으로 파견된 프랑스 출신 예수회 선교사들은 청나라의 강희제(康熙帝, 1654~1722)의 지대한 관심과 후원을 받으며, 지리학을 통한 동서양 학문 교류의 물꼬를 터는 역할을 수행했다.

한반도의 지리적 특징에 대한 유럽인들의 관심은 1708년부터 1717년까지 진행된 프랑스 예수회 선교사들의 정밀한 중국 지도 제작을 위한 대대적인 측량 사업과 더불어 증폭되기 시작했다. 중국 지도를 위한 과학적 측량을 위해서 한반도를 포함한 주변 국가들에 대한 지리적 관심이 증가되었기 때문이었다.

강희제는 예수회 선교사들과 함께 자신이 통치하고 있는 중국 본토 전역과 만주, 티베트 그리고 조선 지역의 상세한 지도를 제작하기를 원했다. 강희제 이전에도 같은 예수회 선교사 페르니난드 베르비스트(Ferninand Verbiest)의 두 번에 걸친 중국 지역 탐사를 통해(1682~1683), 중국 각 지역에 대한 많은 지리학적 정보가 수집되었지만,[53] 중국에 대한 본격적인 지리학적 조사는 1688년 프랑스의 루이 14세에 의해 파견된 프랑스 출신의 예수회 선교사들에 의해 본격적으로 연구되기 시작했다. 중국 황실의 지시와 후원을 통해, 1708년부터 1717년까지 예수회 선교사들의 중국 전역과 주변 국가들 약 600여 곳의 지리 정보가, 정확한 위도와 경도 측정을 바탕으로 진행되었다. 당시 중국 지리 측량의 책임자 중의 한 사람이었던 장 밥티스트 레지(Jean-Baptiste Régis, 1663~1738)는 아래와 같이 당시의 상황을 전하고 있다.

"위대한 황제(강희제)는 자신의 명령으로 선교사들이 제작한 북경 지방의 지도를 보고, 유럽의 측량 방식의 정교함을 알게 되었다. 그래서 황제는 중국 제국의 모든 지방이 측량된 지도와 그의 통치권역으로 들어온 만주 지역 전체를 같은 방식으로 측량한 지도를 만들기로 결정했다. 황제는 이 일을 선교사들에게 맡기면서 매우 강력한 어조로 이 임무는 제국의 안녕을 위해 매우 중요한 일이며, 이 임무를 완성하기 위해 어떠한 경비도 지불할 용의가 있다는 것을 공식적으로 천명했다. 사실 그대로 황제가 명령을 내린 지 며칠이 지나지 않아 조정에서는 측량을 위한 중국 관리들을 임명했고, 모든 성읍의 관리들에게 선교사들의 측량에 적극 협조하라는 지시가 내려졌다. 놀라울 정도로 이러한 명령이 잘 받들어졌다."[54]

광활한 제국의 통치를 위한 지정학적 자료의 필요성과 개인적인 호기심으로부터 시작된 강희제와 프랑스 예수회 선교사들의 지리적 측량은 중국 관리 하국동(何國東) 등의 도움으로 치밀하고 과학적으로 추진되었다. 지정학적인 요구에 따라 중국 본토에 대한 측량뿐만 아니라 인접 국가인 티베트, 만주 그리고 조선에 대한 측량이 함께 추진되었다.

조선의 쇄국 정책

그러나 당시 조선은 강력한 쇄국 정책을 고수하고 있었다.

1672년 숙종 17년에 기록된 『숙종실록』의 기록을 보면, 청나라의 관리들이 지도 제작을 위해 백두산 일대를 답사했다는 기록이 나온다.[55] 청나라 관리들의 조선 국경 지역 측량에서 신경을 곤두세웠던 조선의 왕실은 당연히 유럽인들의 입국이나 측량을 용납할 수 없었기 때문에 프랑스 선교사들은 강희제가 원하는 바와 같이 조선을 실제적으로 측량할 수 없었다. 그렇다면 이때 조선 측량은 어떻게 이루어졌을까?

현재 두 가지 설이 학자들 사이에서 논의되고 있다. 첫 번째 가능성은 예수회 선교사들이 중국인 측량 기사를 훈련시켜 한반도의 지리를 측정해 올 것을 지시했다는 것이다. 또 다른 견해는 당시 조선에서 이미 제작된 조선 지도를 입수해서 원용했다는 견해이다. 전자의 견해는 주로 미국과 유럽 학자들에 의해 주장되고 있고, 후자의 견해는 한국 학자들이 주장하고 있는 학설이다. 헨리 사베니제(Henry Savenije)의 견해에 의하면, 중국인 측량 기사들이 중국 관리들과 함께 입국하여 측량을 하는 동안, 조선의 지도를 중국 관리들이 입수하였다고 한다.[56]

1708~1717년의 중국 및 주변 국가 측량을 주도했던 예수회 선교사는 장밥티스트 레지와 삐에르 자투르(Pieere Jartoux, 1669~1720), 에르텐베르그 하비에르 프리델리(Erthernberg Xavier Fridelli, 1643~1743)였으며, 이들이 제작한 중국 지도는 중국의 각 지역과 조선, 만주 등의 측량 결과를 포함, 1717년에 완성되어 강희제에게 헌정되었다.[57] 오스트리아 출신인 프

리델리 선교사를 제외하고, 모두 프랑스 출신 예수회 선교사들인 이들은 베이징과 만리장성을 서양의 측량 기술을 동원하여 최초로 지도화한 공적을 남겼다.

1717년판 강희제의 중국 지도인 『황여전람도(皇輿全覽圖)』는 1719년 마테오 리파(Matteo Ripa, 1682~1745)에 의해 복제본이 만들어졌다고 하는데, 원본은 현재 유실된 것으로 추정되고 있다. 그러나 41쪽의 동판도에 포함되어 있는 중국에 대한 지리적 정보와 지도는 프랑스로 전해져서, 파리의 예수회 신부 장밥티스트 뒤 알드(Jean-Baptiste du Halde, 1674~1743)와 지도 제작자 장밥티스트 부르귀뇽 당빌(Jean-Baptiste Bourguignon d'Anville, 1697~1782)의 협력을 통해 『중국 제국의 지리 역사적 안내도』 라는 이름으로 1735년에 출간됨으로써 유럽의 일반 대중들에게 알려지지 시작했다.58)

당빌의 지도와 독립 국가로 표시된 조선

한편 당시 프랑스의 대표적인 지도 제작자로 명성을 떨치고 있던 당빌은 이 『황여전람도』의 동판본을 참고로 2년후 독자적인 중국의 새로운 지도 『신 중국 지도 총람(Nouvel Atlas de la Chine de la Tartarie chinoise et du Thibet)』을 1737년에 출간하였다. 1737년에 출간된 이 지도책에는 유럽의 세계지도 제작사에서 최초로 조선이 단일한 독립 국가로 묘사되었다. 아래의 한국 지도는 1785년 암스테르담에서 재출간된 장밥티스

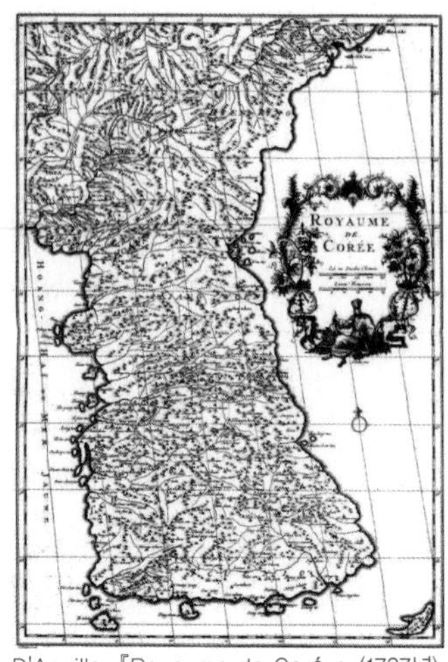

D'Anville, 『Royaume de Coré e』(1737년).

트 부르귀뇽 당빌의 『신 중국 지도 총람』 중, 『조선왕국전도(Royaume de Coré e)』 부분으로 조선을 독립국가로 인정하고 있는 최초의 유럽 지도이다.59)

지도 제작사적 측면에서뿐만 아니라 간도 문제와 연관된 중국과 한국간의 국경선 논의에 귀중한 역사적 가치를 지닌 이 지도에 대한 전문적인 연구가 시급한 실정이다. 일부 학자들은 조선의 쇄국 정책 때문에 프랑스 선교사들이 한반도를 측량할 수 없자, 중국인 측량사를 조선에 파견하여 실측하게 했다는 설이 있고, 또 일부에서는 조선의 한반도 지도가 극비리에 청나라로 유입되었고, 프랑스 선교사들이 이 조선의 지도를 참고했다는 설이 팽팽하게 맞서고 있는 실정이다.60)

또한 이 지도의 사본과 관련된 흥미로운 사실도 있다. 현재 필자가 확인한 당빌의 조선 지도는 고지도 수집가인 유영구씨(명지학원 이사장)의 소장본과 서울시립역사박물관 소장본(서정철 교수 기증) 두 종류가 있다. 그러나 이 두 종류의 당빌 지도는 동일한 지도가 아니다. 유영구 소장본보다 서울시립역사박물관 소장본이 간략하게 묘사되어져 있는데, 이러한 차이는 서울시립역사박물관 소장본이 1735년에 출간된 『중국 제국의 지리 역사적 안내도』에 포함되어 있는 지도이기 때문인 것으로 추정된다. 유영구 소장본은 1785년 암스테르담에서 재출간된 장밥티스트 부르귀뇽 당빌의 『신 중국 지도 총람』 중, 『조선왕국전도』 부분으로 추정된다.

한편, 청나라에서 활동하던 선교사들과 중국 관리들은 강희제의 『황여전람도』의 출간 이후에도 중국 영토에 대한 지리적 측량을 계속했다. 옹정제(雍正帝)가 통치하고 있던 1726년에는 서양 선교사들의 측량에 의해 『옹정십배황여도(雍正十排皇輿圖)』가 출간되었으며, 1761년에는 『황여전도(皇輿全圖)』라고 불리기도 하는 『건륭십삼배도(乾隆十三排圖)』가 목판본으로 출간되었으며, 1775년에는 같은 지도가 동판 인쇄본으로 출간되었다. 『건륭십삼배도(乾隆十三排圖)』의 제작을 위해 펠릭스 로차(Félix da Rocha, 1738~1781)나 호세 데스핀하(José d'Espinha, 1722~1788) 등 서양 선교사뿐만 아니라 중국 관리 하국종(何國宗)이나 몽골 출신 관리였던 명안도(明安圖)가 함께 측량과 지도 제작 작업에 참여하였다. 이들의 측량은 예수회 선교사 미셸 베노이스트(Michel Benoist)의 감독하에 지도로 그려졌지만, 유럽 사회에는 알려지지 않았다. 『황여전람도』는 당빌이라는 지도제작자에 의해 유럽 대중들에게 알려졌지만, 『옹정십배황여도』나 『건륭십삼배도』는 당빌과 같은 지도 제작자의 손을 거치지 않았기 때문이었다.

한국의 지도 제작사

최근 많은 학자들에 의해 한국의 국토관이나 지도 제작사에 대한 연구가 활발하게 진행되고 있다.[61] 중국적 세계관을 반영한 조선의 『천하도(天下圖)』와 1402년(태종 2년) 김사형(金士衡), 이무(李茂), 이회(李薈) 등에 의해 제작된 아시아 최고의 세계지도 『혼일강리역대국도지도(混一疆理歷代國都之圖)』가 한국의 고지도 전통을 대표하거니와,[62] 세종대왕 치세에 이르러 실제 측량을 기초하였지만 아쉽게도 유실된 『동국지도(東國地圖), 1463년 세조 9년』, 국보 248호로 국사편찬위원회가 소장하고 있는 『조선방역지도(朝鮮方域之圖), 1557년 명종 12년』, 프랑스 국립도서관이 소장하고 있는 『여지도(輿地圖), 1644년 인조 22년』, 정상기(鄭尙驥, 1678~1752) 부자에 의해 제작된 『

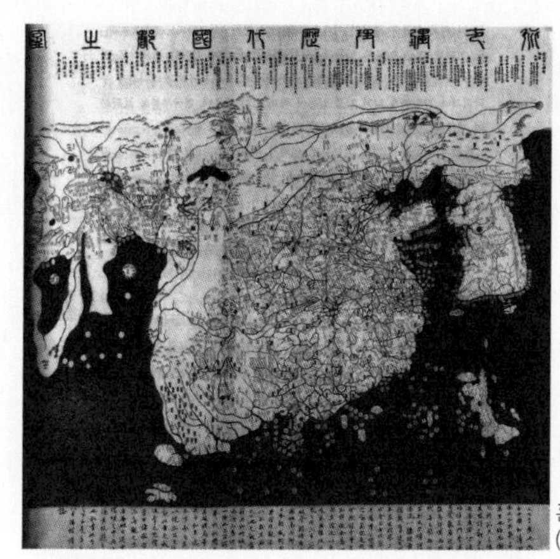

혼일강리역대국도지도
(1402년 제작).

조선전도(朝鮮全圖), 1757년 추정』, 유명한 김정호의 『대동여지도(大東輿地圖), 1861년, 철종 12년 제작』 등에 대한 서지학적인 연구가 줄을 잇고 있다. 특별히 사용자의 편리를 위해 분첩접철식(分帖折帖式) 방식으로 16만 2천분의 1의 축척이 사용된 김정호의 『대동여지도』에 대한 학계나 일반의 관심이 대단하다. 이미 고려시대부터 이처럼 뛰어난 지도 제작술의 전통과 역사를 가지고 있었음에도 불구하고, 한반도에 대한 유럽인들의 지리적 이해는 주로 유럽 출신의 선교사들에 의한 지리적 발견과 지도 제작에 의존하였음을 알 수 있다.

프톨레미 『지리학』에서 그 존재조차 알려져 있지 않던 한반도의 지리적 존재는 1254년 프란치스코 수도회 소속 선교사로 몽골 제국을 방문했던 루브룩의 윌리엄의 선교 보고에 의해 처음 유럽 사회에 알려졌다. 그러나 그 첫 번째 보고에서 시작된 “알 수 없는 신비의 땅”과 “카울레(Caule)는 섬나라”라는 잘못된 지리학적 이해는 16세기 말까지 그 영향력을 행사했다. 조선의 존재와 한반도의 지리적 특성이 유럽에 알려진 것은 1583년부터 중국 명나라에서 활동한 예수회 선교사 마테오 리치의 공헌이다. 특별히 그는 조선이라는 나라가 윌리엄의 선교보고서에 기록되어 있는 것처럼 섬나라가 아니라 반도 국가라는 사실을 처음으로 『곤여만국전도』에 표시했다. 같은 예수회 소속 선교사였던 마르티노 마리티니의 1655년 지도 서첩인 『신 중국 지도 총람』은 유럽이 가지고 있던 중국 본토와 주변 국가들에 대한 오해를 불식시키며, 새로운 중국과 동아시아의 모습을 유럽에 소개했다. 이 지도상에서도 반도 국가인 조선의 모습이 다시 한번 드러난다. 동아시아의 지리적 발견에 예수회 선교사들의 공헌이 얼마나 지대했는지에 대한 대표적인 두 가지 사례가 될 것이다.

조선이 중국과 일본의 지도 변두리에 포함되지 않고, 처음으로 독립 국가의 지도로 표현된 것도 역시 예수회 선교사들의 공헌이었다. 1737년에 출간된 장밥티스트 부르귀뇽 당빌의 『신 중국 지도 총람』 중, 『조선왕국전도』가 바로 그 지도이다. 1717년 편찬된 강희제의 중국 지도를 완성하기 위하여 중국 전 지역과 인접 국가를 측량한 프랑스 출신 예수회 선교사들의 노력을 통해 독립 국가인 조선과 한반도의 지리적 특성이 유럽인들에게 알려지게 된 것이다. 조선의 존재와 한반도의 지리적 특성이 유럽에 알려진 계기는 중국에서 활동했던 선교사 루브룩의 윌리엄, 마테오 리치, 마르티노 마르티니의 공헌과 18세기 프랑스 예수회 선교사들의 조선 측량 결과를 이용하여 조선을 독립 국가로 표시한 당빌의 공헌으로 가능하게 되었다.

주

1) Harold Brodsky, "Ptolemy Charts the World", Odyssey, 1998년 봄호 참조; Norman Thrower, *Maps and Civilization: Cartography in Culture and Society*, 2nd ed.(Chicago: University of Chicago Press, 1999), pp.58-90; Lloyd A. Brown, *The Story of Maps* (New York: Dover Publications, 1979 [1949]), pp.58-80.
2) Carl Moreland and David Bannister, *Antique Maps*(London: Phaodon Press, 1989), p.3.
3) James R. Akerman, "From Books with Maps to Books as Maps: The Editor in the Creation of the Atlas Idea", Joan Winearls, ed., *Editing Early and Historical Atlases*(Toronto: University of Toronto Press, 1995), p.8.
4) J. B. Harley and David Woodward, eds., *The History of Cartography*, vol. 1(Chicago: University of Chicago Press, 1987), p.179.
5) 위의 책, p.183.
6) 콜럼버스는 프톨레미의 세계지도와 마르코 폴로의 『동방견문록』의 기록을 바탕으로 대서양의 크기를 추정한 다음, 약 2,400마일을 항해하면 지팡구(지금의 일본)에 도착할 수 있다고 믿었다. 이에 대한 자세한 분석은 김상근, 『세계사의 흐름을 바꾼 기독교 역사』(서울: 평단문화사, 2004), p.143 참조.
7) 쉐델의 『연대기』는 총 645개의 목판을 사용하여 총 1,809개의 삽화와 지도가 포함되어 있으며 흔히 『뉘렘베르크 연대기(Nuremberg Chronicle)』라고도 불린다. 1493년 초판은 라틴어로 출간되었으나 같은 해 독일어 번역판도 출간되었다.
8) 창세기 10장 32절 참조. 구약성서에 기록되어 있는 노아의 홍수 이후 셈, 함, 야벳에 의해 인종이 분류되었다는 중세적 이해는 예루살렘을 세계의 중심으로 보는 T-O형 세계지도로 발전되었다.
9) 이미 9세기 경에 아랍인들은 한반도의 존재를 알고 있었다. 쑬라이만이란 아랍 상인은 851년 기록한 『중국과 인도 소식』에서 신라가 중국 동쪽에 위치한 국가임을 밝혔다. 정수일, 『이슬람 문명』(파주: 창비, 2002), p.330. 정수일 박사의 주장

에 의하면 이미 10세기의 아랍인들의 세계지도에 신라가 섬나라로 표현되어 있다. 중세 이슬람의 지리학자인 이드리씨의 세계지도(1154년)가 가장 오래된 한반도의 모습을 담고 있다. 서정철, 『서양 고지도와 한국』(서울: 대원사, 1991), p.27.

10) Christopher Dawson, ed., *Mission to Asia: Narrative and Letters of the Franciscan Missionaries in Mongolia and China in the Thirteenth and Fourteenth Centuries*(New York: Harper & Row, 1955), p. 171. 이 책의 최근인쇄본 제목은 *The Mongol Mission*으로 바뀌었다.

11) John Larner, *Marco Polo and the Discovery of the World*(New Haven: Yale University Press, 1999), p.92.

12) 신대륙의 발견에 의한 유럽 지식 체계의 급격한 전환에 대해서는 앤서니 크래프턴, 서성철 옮김, 『신대륙과 케케묵은 텍스트들』(서울: 일빛, 2000).

13) Christopher Columbus, *The Four Voyages of Columbus*(London: Hakluyt Society, 1929), vol. 2, p.28.

14) 아쉽게도 이 세계지도는 현존하고 있지 않지만, 프랑스 국립도서관이 소장하고 있는 1490년대의 해양 지도는 토스카넬리의 세계지도에 영향 받은 것으로 추정되고 있다. 이 지도의 제작자가 콜럼버스라고 주장하는 학자도 있다. Norman Thrower, *Maps and Civilization: Cartography in Culture and Soceity* (Chicago: University of Chicago Press, 1999), p.67.

15) 신대륙의 발견자가 콜럼버스가 아니라 아메리고 베스푸치였다는 역사적 착오에 대한 흥미로운 연구는 슈테판 츠바이크, 『아메리고』(서울: 삼우반, 2004).

16) James R. Akerman, “From Books with Maps to Books as Maps: The Editor in the Creation of the Atlas Idea”, Joan Winearls, ed., *Editing Early and Historical Atlases*(TorontoL University of Toronto Press, 1995), p.11.

17) 루이스 홀만, 이경희 옮김 『세계를 그린 사람들』(서울: 동인, 1994), p.42에서 재인용.

18) 그러나 콜럼버스의 신대륙 발견 직후, 유럽의 지도 제작자들은 마르코 폴로가 『동방견문록』에 묘사한 아시아 지역과 콜럼버스가 발견한 신대륙이 같은 대륙이라는 착각을 일으켰다. 이러한 지리적 오해는 콜럼버스 자신이 신대륙을 아시아

로 착각한 데서부터 출발했다. 그러나 이러한 착각은 1561년 이탈리아의 지도 제작자 지오코모 가스탈디(Giocomo Gastaldi)의 1561년 지도부터 수정되었다.

19) 지도 제작자로서의 세바스찬 문스터의 명성은 그와 재혼한 아내의 아들인 하인리히 페트리(Heinrich Petri)와 그 후손들에 의해 유지되었다. 문스트의 명성을 이어받은 페트리 가문은 바젤에서 지도 제작과 관련된 출판사를 운영하였다.

20) James R. Akerman, "From Books with Maps to Books as Maps: The Editor in the Creation of the Atlas Idea", Joan Winearls, ed., *Editing Early and Historical Atlases*(Toronto: University of Toronto Press, 1995), p.13.

21) 메르카토르 도법은 정각도법의 하나로 위도와 경도를 직각선으로 표시함으로써 항해에 잘 활용될 수 있다는 장점을 가지고 있다. 등각 항로가 직선으로 나타나므로 항해용 지도로 사용되지만 고위도로 올라갈수록 실제보다 확대되는 단점을 가지고 있다. 지도 도법의 개발 역사에 대해서는 John Snyder, *Flattening the Earth: Two Thousand Years of Map Projections* (Chicago: University of Chicago Press, 1993).

22) 예수회는 스페인 출신의 이냐시오 로욜라(Ignatius Loyola, 1491~1556)와 그의 파리대학 출신 동료들에 의해 설립된 16세기의 개혁파 수도회이다. 1540년 교황 바울 3세로부터 정식으로 수도회 결성을 인준 받았다. 예수회는 창립 초기부터 교육과 선교에 지대한 관심을 쏟았고, 16세기 가톨릭교회의 해외 선교를 이끌어가는 원동력이 되었다. 예수회의 초창기 역사에 대해서는 후안 카트레트, 『예수회 역사』(서울: 이냐시오 영성연구소, 1994); John O'Malley, *The First Jesuits*(Cambridge: Harvard University Press, 1993); 그리고 김상근, "도시와 문화를 거부하지 말 것: 예수회 설립자 이냐시오 로욜라의 선교 리더쉽 연구" 『한국기독교신학논총』 제35집 참조.

23) 마테오 리치에 대한 최근의 연구는 졸저, Sangkeun Kim, *Strange Names of God: The Missionary Translation of the Divine Names and the Chinese Responses to Matteo Ricci's Shangti in Late Ming China, 1583~1644*(New York: Peter Lang Publishing, 2004).

24) Matteo Ricci, *China in the Sixteenth Century: The Journals of Matthew*

Ricci, 1583~1610(New York: Random House, 1953), p.383.

25) C. Wessels, *Early Jesuit Travellers in Central Asia, 1603~1721*(The Hague: Martinus Nijhoff, 1924), p.6.

26) Ricci, *China in the Sixteenth Century*, p.383.

27) Ricci, *China in the Sixteenth Century*, p.501.

28) Wessels, *Early Jesuit Travellers*, pp.38-39.

29) 어느 세계지도에서 최초로 한반도가 등장했는지에 대한 학자들의 견해는 다양하다. 홍시환은 플란시오(Plancio)의 1594년 지도, 브리커(Bricker)는 혼디우스의 1573년 세계지도, 그리고 서정철은 피렌체 과학사 박물관에 소장되어 있는 로포 호멤(Lopo Homem)의 1554년 지도라는 설을 주장하고 있다. 한편 Conray(Couray의 잘못된 표기)라는 표기가 세계지도 상에 제일 먼저 나타난 것은 현재 마드리드의 알바(Alba) 가문이 소장중인 두라도의 세계지도라고 밝히고 있다. 서정철, 『서양의 고지도와 한국』(서울: 대원사, 1991), p.69.

30) Jan Huygen van Linschoten, *Reys-Ghesdhrift van de Navigatien der Portugaloysers in Orienten enz.*(1595), p.37, 90. 헨니 사브니에, "네덜란드 지도학과 한국", 서울역사박물관 편,『European의 상상: Corea 코레아』(서울: 서울역사박물관, 2004), pp.203-204에서 재인용.

31) Ricci, *China in the Sixteenth Century*, p.94.

32) Ricci, *China in the Sixteenth Century*, p.260, 299, 300, 319, 320.

33) 명나라 말기, 누르하치가 이끄는 만주족들의 침공이 계속되자 서광계는 자신이 대사 자격으로 조선을 방문하여 명나라와 조선의 연합군을 구성하고 만주족을 협공하겠다는 계획을 명나라 조정에 올렸다. 예수회 선교사들의 기록에는 서광계가 이 기회를 이용하여 조선에 복음을 전하겠다는 계획을 가지고 있었다고 한다. 그러나 서광계의 청원은 받아들여지지 않았다. 이와 관련된 자세한 역사적 전개는 Chen, Min-sun, "Hs#ü Kuang-ch'i (1552~1633) and His Image of the West", in *Asia and the West: Encounters and Exchanges from the Age of Explorations*, eds., Cyriac Pullapilly et al.(Notre Dame: Cross Roads Books, 1986), p.33.

34) 1603년 동지사의 일원으로 베이징을 방문했던 이광정(李光

庭, 1552~1627)과 권희(權憘, 1547~1624)는 이 마테오 리치의 『곤여만국전도』를 입수하여 조선으로 가져왔다. 현재 서울대 박물관에서 소장하고 있는 지도는 『회입곤여만국전도(繪入坤與萬國全圖)』로 1708년(숙종 34년) 김진여(金振汝)가 모사한 것이다.

35) 서광계, "이십오언의 발문", 마테오 리치, 『교우론, 스물다섯 마디 잠언, 기인십편: 연구와 번역』(서울: 서울대학교 출판부, 2000), pp.416-417.

36) 위의 책, pp.331-332. 또한 Henri Bernard, *Matteo Ricci's Scientific Contribution to China*(Westport: Hyperion Press, 1935), p.60. 또한 히라카와 스케히로(平川祐弘) 지음, 노영희 옮김, 『마테오 리치: 동서문명 교류의 인문학 서사시』(서울: 동아시아, 2002), pp.206-210.

37) 배우성의 번역. 한형우 외, 『우리 옛 지도와 그 아름다움』(서울: 효형출판, 1999), p.139.

38) 마테오 리치의 『곤여만국전도』는 중국 지식인들의 대단한 호응을 받았다. 1603년 이응시는 리치의 『곤여만국전도』 8폭으로 확대한 새로운 세계지도를 제작하였는데, 이것이 현재 숭실대학교 박물관 소장하고 있는 『양의현람도(兩儀玄覽圖)』이다. 중국 요녕성 박물관 소장본과 함께 현존하고 있는 유일한 숭실대학교 박물관 소장본을 6.25 동란의 포화에서 지켰던 김양선 박사(1907~1970)의 일화가 전해져 오고 있다.

39) 이 지도의 제작자나 정확한 제작연도는 아직 밝혀지지 않고 있다. 1590년 로마로 귀환한 마테오 리치의 동료 선교사 루지에리(Ruggieri)가 중국 선교를 보고하기 위해 마테오 리치의 기록과 지참한 중국 지도를 바탕으로 제작한 것으로 추정된다.

40) 한상복, "개항 이전까지 외국에서 출간된 조선도", 한국 문화역사지리학회, 『한국의 전통지리사상』(서울: 민음사, 1991), pp.123-124.

41) Nathaniel Harris, *Mapping the World: Maps and Their History*(San Diego: Thunder Bay Press, 2002), p.89.

42) 포르투갈 출신 예수회 신부였던 Luis (Ludovico) Teixeira는 스페인 왕실에서 지도 제작과 수학을 연구하던 인물이었다, 그

는 아브라함 올테리우스에게 보낸 1592년 2월 20일자 편지에서 일본 자료를 원용한 것으로 보이는 예수회 선교사들의 일본 지도를 소개했다. 한상복, "개항 이전까지 외국에서 출간된 조선도", p.124에는 그가 일본에서 활동한 선교사로 소개되어 있다.

43) 세스페데스는 1593년 12월 27일부터 약 일 년간 조선에 체류하였다. 그의 방한 활동에 대한 상세한 연구는 박 철, 『세스뻬데스: 한국 방문 최초 외국인』(서울: 서강대출판부, 1987).

44) 현재 이 책은 고지도 수집가인 유영구 씨(학교법인 명지학원 이사장)와 서울시립역사박물관이 소장하고 있다.

45) 강재언, 『서양과 조선: 그 이문화 격투의 역사』(서울: 학고재, 1998), p.85에서 재인용.

46) 위의 책, p.86에서 재인용.

47) 하멜 일행의 조선경험에 대한 자세한 분석은 지명숙·왈라벤 공저, 『보물섬은 어디에: 네덜란드 공문서를 통해 본 한국과의 교류사』(서울: 연세대출판부, 2003).

48) 정수일, 『이슬람 문명』(서울: 창작과비평사, 2002), p.331에서 재인용

49) 위의 책, pp.331-332.

50) 위의 책, p.333.

51) 이븐 바투타, 정수일 역, 『이븐 바투타 여행기』(서울: 창작과비평사, 2001), vol 2.

52) 정수일, "옮긴이 서문", 이븐 바투타, 위의 책, p.17.

53) Hartmut Walravens, "Father Verbiest's Chinese World Map (1674)", *Imago Mundi* 43 (1997), pp.31-47.

54) Jean-Baptiste du Halde, *A Description of the Empire of China and Chinese Tartary*(London: Edward Cave, 1738~1741), vol. 1, p. vii. 필자의 번역.

55) 『숙종실록』 권 23 숙종 17년 11월 정묘. 한형우 외, 『우리 옛 지도와 그 아름다움』(서울: 효형출판, 1999), p.60 참조.

56) Henry Savenije, "Korea Through Western Cartographic Eyes", *Korean Culture*, vol. 21, no.1(Spring, 2000), pp.4-19.

57) 자르투 선교사는 만주와 조선의 국경 지역을 측량하다가 우연히 산삼을 발견하였다는 기록을 남기고 있다. 조선으로 입

국하지 못했지만, 그의 관심은 조선에서 많이 발견된다는 산삼에 대한 호기심과 연결되었다. 이에 대한 자세한 설명은 프레데릭 불레스텍스, 『착한 미개인, 동양의 현자』(서울: 청년사, 2001), pp.63-65. 이향 외 번역.

58) 이 책을 소장하고 있는 유영구 씨의 판본은 1734년 판이다. 한편, 이 책에 대한 학문적인 연구를 주도하고 있는 학자와 그의 연구 논문은 Theodore Foss, "A Jesuit Encyclopedia for China: A Guide to Jean-Baptiste du Halde's Description...de la Chine(1735)" (Ph. D. diss., University of Chicago, 1979).

59) 한상복, "개항 이전까지 외국에서 출간된 조선도", 한국 문화역사지리학회, 『한국의 전통지리사상』(서울: 민음사, 1991), p.129. 당빌의 『루아이욤 드 꼬레 *Royaume de Corée*』는 고지도 수집가인 유영구 씨가 소장하고 있다. 『동아일보』 2004년 5월 15일자.

60) 서정철, 『서양의 고지도와 한국』(서울: 대원사, 1991), p.48.

61) 예를 들면, 배우성, 『조선후기 국토관과 천하관의 변화』(서울: 일지사, 1998); 한국 문화역사지리학회 편, 『한국의 전통지리 사상』(서울: 민음사, 1991); 박인호, 『조선시기 역사가와 역사지리인식』(서울: 이회문화사, 2003); 박인호, 『조선후기 역사지리학 연구』(서울: 이회문화사, 1996); 방동인, 『한국지도의 역사』(서울: 신구문화사, 2001); 이상태, 『한국고지도 발달사』(서울: 혜안, 1999); 영남대박물관, 『한국의 옛 지도』(경산: 영남대학교박물관, 1998).

62) 1402년 제작된 이회의 『혼일강리역대국도지도』는 고려 공민왕(1351~1374) 재위 기간 중 중국 원나라의 지도를 바탕으로 나흥유(羅興儒)가 제작한 동아시아 지도를 모형으로 제작된 것으로 추정된다. 중국 원나라의 원지도는 현존하고 있지 않고, 이회의 『혼일강리역대국도지도』는 현재 일본 용곡(龍谷)대학에 소장되어 있다. 『혼일강리역대국도지도』의 한반도 부분은 역시 1402년에 제작된 『조선팔도도』를 참고한 흔적이 있다. 한형우 외, 『우리 옛 지도와 그 아름다움』 (서울: 효형출판, 1999), pp.20-21, p.26.

참고문헌

Akerman, James, "From Books with Maps to Books as Maps: The Editor in the Creation of the Atlas Idea", Joan Winearls, ed., *Editing Early and Historical Atlases*(Toronto: University of Toronto Press, 1995).

Allen, Phillip, *Mapmaker's Art: Five Centuries of Charting the World*(New York: Barnes & Noble, 2000)

Ayusawa, Shintoro, "Geography and Japanese Knowledge of World Geography", *Monumenta Nipponica*, vol. 19 (1964), pp.41-61.

Baddeley, J. F., "Father Matteo Ricci's Chinese World Maps, 1584~1608", *The Geographical Journal* (1917, 10월호), pp.254-276.

Bagrow, Leo, *History of Cartography*(Cambridge: Harvard University Press, 1964).

Baynton-Williams, Roger, *Investing in Maps*(London: Cresset Press, 1969).

Bernard, Henri, *Matteo Ricci's Scientific Contribution to China*(Westport: Hyperion Press, 1935).

Brodsky, Harold, "Ptolemy Charts the World", Odyssey, 1998년 봄.

Brown, Lloyd, *The Story of Maps*(New York: Dover Publications, 1949).

Campbell, Tony, *The Earliest Printed Maps, 1472~1500*(Berkeley: University of California Press, 1978).

Cao, Wan-Ru, "A Preliminary Inquiry into the Interchange of Maps between China and Other Countries", *Studies in the History of Natural Sciences*, vol 12: no. 3(1993), pp.287-295.

Cao, Wan-Ru, "Research on China's Cartographical History: Review for the Fast 40 Years", *Studies in the History of Natural Sciences*, vol 9: no. 3(1990), pp.283-289.

Christopher Columbus, *The Four Voyages of Columbus*(London: Hakluyt Society, 1929).

Ch'en, Kenneth, "Matteo Ricci's Contribution to, and Influence on, Gegraphical Knowledge in China", *Journal of the American Oriental Society*(1939), pp.325-359.

Chen, Min-sun, "Hs#ü Kuang-ch'i (1552~1633) and His Image of the West", in *Asia and the West: Encounters and Exchanges from the Age of Explorations*, eds., Cyriac Pullapilly et al.(Notre Dame: Cross Roads Books, 1986).

Christopher Dawson, ed., *Mission to Asia: Narrative and Letters of the Franciscan Missionaries in Mongolia and China in the Thirteenth and Fourteenth Centuries*(New York: Harper & Row, 1955).

Crone, Gerald, *Maps and Their Makers: An Introduction to the History of Cartography*, 5th ed.(Dawson: Archon Boks, 1978).

Du Halde, Jean-Baptiste, *A Description of the Empire of China and Chinese Tartary*(London: Edward Cave, 1738~1741).

Foss, Theodore, "A Western Interpretation of China: Jesuit Cartography", in *East Meets West: The Jesuits in China 1582~1773*, eds., Charles Ronan and Ronnie Oh(Chicago: Loyola University Press, 1988).

Foss, Theodore, "A Jesuit Encyclopedia for China: A Guide to Jean-Baptiste du Halde's Description...de la Chine (1735)" (Ph. D. diss., University of Chicago, 1979).

Harley, J. B. and David Woodward, eds., *The History of Cartography*, vol. 1(Chicago: University of Chicago Press, 1987).

Harris, Nathaniel, *Mapping the World: Maps and Their History*(San Diego: Thunder Bay Press, 2002).

John Larner, *Marco Polo and the Discovery of the World*(New Haven: Yale University Press, 1999).

Kim, Sangkeun, *Strange Names of God: The Missionary Translation of the Divine Names and the Chinese Responses to Matteo Ricci's Shangti in Late Ming China, 1583~1644*(New York: Peter Lang Publishing, 2004).

Moreland, *Carl and David Bannister, Antique Maps*(London: Phaidon Press, 1983).

Nakamura, H., *East Asia in Old Maps*(Honolulu: East-West Center Press, 1964).

Nebenzahl, Kenneth, *Atlas of Columbus and the Great Discoveries* (Chicago: Rand McNally, 1990).

Ricci, Matteo, *China in the Sixteenth Century: The Journals of Matthew Ricci, 1583~1610*(New York: Random House, 1953).

Rowbotham, Arnold, *Missionary and Mandarin: The Jesuits at the Court of China*(Berkeley: University of California Press, 1942).

Savenije, Henry, "Korea Through Western Cartographic Eyes", *Korean Culture*, vol. 21, no. 1 (Spring, 2000), pp.4-19.

Schirley, *The Mapping of the World: Early Printed World Maps, 1472~1700*(London: New Holland Publishers, 1993).

Smith, Richard, *Chinese Maps: Images of "All Under Heaven"*(Oxford: Oxford University Press, 1996).

Snyder, John, *Flattening the Earth: Two Thousand Years of Map Projections* (Chicago: University of Chicago Press, 1993).

Thrower, Norman, *Maps and Civilization: Cartography in Culture and Society*(Chicago: University of Chicago Press, 1972).

Walravens, Hartmut, "Father Verbiest's Chinese World Map (1674)", *Imago Mundi* 43(1997), pp.31-47.

Wessels, C., *Early Jesuit Travellers in Central Asia, 1603~1721*(The Hague: Martinus Nijhoff, 1924).

Winearls, Joan, ed., *Editing Early and Historical Atlases*(Toronto: University of Toronto Press, 1995).

Woodward, David, *Five Centuries of Map Printing*(Chicago: University of Chicago Press, 1975).

Yazawa, Toshihiko, "Fr. Matteo Ricci's World Map and Its Influence on East Asia", *Tonga Yon'gu* (East Asian Studies) vol. 3(1983년 겨울호), pp.185-200.

강재언, 『조선의 서학사』, 민음사, 1990.

강재언, 『서양과 조선: 그 이문화 격투의 역사』, 학고재, 1998.
김상근, 『세계사의 흐름을 바꾼 기독교 역사』, 평단문화사, 2004.
김상근, "도시와 문화를 거부하지 말 것: 예수회 설립자 이냐시오 로욜라의 선교 리더쉽 연구", 『한국기독교신학논총』 35집 2004.
리치, 마테오, 『교우론, 스물다섯 마디 잠언, 기인십편: 연구와 번역』, 서울대학교 출판부, 2000.
바투타, 이븐, 정수일 역, 『이븐 바투타 여행기』, 창작과비평사, 2001.
박인호, 『조선시기 역사가와 역사지리인식』, 이회문화사, 2003.
박인호, 『조선후기 역사지리학 연구』, 이회문화사, 1996.
박 철, 『세스뻬데스: 한국 방문 최초 외국인』, 서강대출판부, 1987.
방동인, 『한국 지도의 역사』, 신구문화사, 2001.
불레스텍스, 프레데릭, 『착한 미개인, 동양의 현자』, 청년, 2001.
서광계, "이십오언의 발문", 마테오 리치, 『교우론, 스물다섯 마디 잠언, 기인십편: 연구와 번역』, 서울대학교 출판부, 2000.
서울역사박물관 편, 『European의 상상: Corea 코레아』, 서울역사박물관, 2004.
서정철, 『서양 고지도와 한국』, 대원사, 1991.
영남대박물관 편, 『한국의 옛 지도』, 영남대학교박물관, 1998(도판편과 자료편이 따로 출간됨).
앤서니 크래프턴, 『신대륙과 케케묵은 텍스트들』, 일빛, 2000.
이상태, 『한국고지도 발달사』, 혜안, 1999.
이 찬, 『한국의 고지도』, 범우사, 1991.
정수일, 『이슬람 문명』, 창비, 2002.
지명숙, 왈라벤 공저, 『보물섬은 어디에: 네덜란드 공문서를 통해 본 한국과의 교류사』, 연세대출판부, 2003.
츠바이크, 슈테판, 『아메리고』, 삼우반, 2004.
카트레트, 후안, 『예수회 역사』, 이냐시오 영성연구소, 1994); John O'Malley, The First Jesuits(Cambridge: Harvard University

Press, 1993).

한상복, "개항 이전까지 외국에서 출간된 조선도", 한국 문화역사지리학회, 『한국의 전통지리사상』, 민음사, 1991), pp.121-143.

한국 문화역사지리학회, 『한국의 전통지리사상』, 민음사, 1991.

한형우 외, 『우리 옛 지도와 그 아름다움』, 효형출판, 1999.

홀만, 루이스, 이경희 옮김 『세계를 그린 사람들』, 동인, 1994.

히라카와 스케히로(平川祐弘) 지음, 노영희 옮김, 『마테오 리치: 동서문명 교류의 인문학 서사시』, 동아시아, 2002.

세계지도의 역사와 한반도의 발견

펴낸날 초판 1쇄 2004년 11월 30일
초판 3쇄 2016년 8월 18일

지은이 김상근
펴낸이 심만수
펴낸곳 (주)살림출판사
출판등록 1989년 11월 1일 제9-210호

주소 경기도 파주시 광인사길 30
전화 031-955-1350 팩스 031-624-1356
홈페이지 http://www.sallimbooks.com
이메일 book@sallimbooks.com

ISBN 978-89-522-0306-9 04080
978-89-522-0096-9 04080 (세트)

※ 값은 뒤표지에 있습니다.
※ 잘못 만들어진 책은 구입하신 서점에서 바꾸어 드립니다.

085 책과 세계

강유원(철학자)

책이라는 텍스트는 본래 세계라는 맥락에서 생겨났다. 인류가 남긴 고전의 중요성은 바로 우리가 가 볼 수 없는 세계를 글자라는 매개를 통해서 우리에게 생생하게 전해 주는 것이다. 이 책은 역사라는 시간과 지상이라고 하는 공간 속에 나타났던 텍스트를 통해 고전에 담겨진 사회와 사상을 드러내려 한다.

056 중국의 고구려사 왜곡

eBook

최광식(고려대 한국사학과 교수)

중국의 고구려사 왜곡의 숨은 의도와 논리, 그리고 우리의 대응 방안을 다뤘다. 저자는 동북공정이 국가 차원에서 진행되는 정치적 프로젝트임을 치밀하게 증언한다. 경제적 목적과 영토 확장의 이해관계 등이 복잡하게 얽혀 있는 동북공정의 진정한 배경에 대한 설명, 고구려의 역사적 정체성에 대한 문제, 고구려사 왜곡에 대한 우리의 대처방법 등이 소개된다.

291 프랑스 혁명

eBook

서정복(충남대 사학과 교수)

프랑스 혁명은 시민혁명의 모델이자 근대 시민국가 탄생의 상징이지만, 그 실상을 아는 사람은 많지 않다. 프랑스 혁명이 바스티유 습격 이전에 이미 시작되었으며, 자유와 평등 그리고 공화정의 꽃을 피기 위해 너무 많은 피를 흘렸고, 혁명의 과정에서 해방과 공포가 엇갈리고 있었다는 등의 이야기를 통해 프랑스 혁명의 실상을 소개한다.

139 신용하 교수의 독도 이야기

eBook

신용하(백범학술원 원장)

사학계의 원로이자 독도 관련 연구의 대가인 신용하 교수가 일본의 독도 영토 편입문제를 걱정하며 일반 독자가 읽기 쉽게 쓴 책. 저자는 역사적으로나 국제법상으로 실효적 점유상으로나, 어느 측면에서 보아도 독도는 명백하게 우리 땅이라고 주장하며 여러 가지 역사적인 자료를 제시한다.

144 페르시아 문화

eBook

신규섭(한국외대 연구교수)

인류 최초 문명의 뿌리에서 뻗어 나와 아랍을 넘어 중국, 인도와 파키스탄, 심지어 그리스에까지 흔적을 남긴 페르시아 문화에 대한 개론서. 이 책은 오랫동안 베일에 가려 있던 페르시아 문명을 소개하여 이슬람에 대한 편견과 오해를 바로 잡는다. 이태백이 이란계였다는 사실, 돈황과 서역, 이란의 현대 문화 등이 서술된다.

086 유럽왕실의 탄생

김현수(단국대 역사학과 교수)

인류에게 '예술과 문명' 그리고 '근대와 국가'라는 개념을 선사한 유럽왕실. 유럽왕실의 탄생배경과 그 정체성은 무엇인가? 이 책은 게르만의 한 종족인 프랑크족과 메로빙거 왕조, 프랑스의 카페 왕조, 독일의 작센 왕조, 잉글랜드의 웨섹스 왕조 등 수많은 왕조의 출현과 쇠퇴를 통해 유럽 역사의 변천을 소개한다.

016 이슬람 문화

이희수(한양대 문화인류학과 교수)

이슬람교와 무슬림의 삶, 테러와 팔레스타인 문제 등 이슬람 문화 전반을 다룬 책. 저자는 그들의 멋과 가치관을 흥미롭게 설명하면서 한편으로 오해와 편견에 사로잡혀 있던 시각의 일대 전환을 요구한다. 이슬람교와 기독교의 관계, 무슬림의 삶과 낭만, 이슬람 원리주의와 지하드의 실상, 팔레스타인 분할 과정 등의 내용이 소개된다.

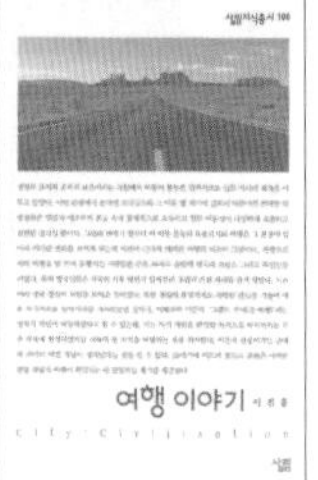

100 여행 이야기

eBook

이진홍(한국외대 강사)

이 책은 여행의 본질 위를 '길거리의 철학자'처럼 편안하게 소요한다. 먼저 여행의 역사를 더듬어 봄으로써 여행이 어떻게 인류 역사의 형성과 같이해 왔는지를 생각하고, 다음으로 여행의 사회학적 · 심리학적 의미를 추적함으로써 여행에 어떤 의미를 부여할 것인가에 대해 말한다. 또한 우리의 내면과 여행의 관계 정의를 시도한다.

293 문화대혁명 중국 현대사의 트라우마

eBook

백승욱(중앙대 사회학과 교수)

중국의 문화대혁명은 한두 줄의 정부 공식 입장을 통해 정리될 수 없는 중대한 사건이다. 20세기 중국의 모든 모순은 사실 문화대혁명 시기에 집약되어 있다고 해도 과언이 아니다. 사회주의 시기의 국가 · 당 · 대중의 모순이라는 문제의 복판에서 문화대혁명을 다시 읽을 필요가 있는 지금, 이 책은 문화대혁명에 대한 안내자가 될 것이다.

174 정치의 원형을 찾아서

eBook

최자영(부산외국어대학교 HK교수)

인류가 걸어온 모든 정치체제들을 매우 짧은 기간 동안 시험하고 정비한 나라, 그리스. 이 책은 과두정, 민주정, 참주정 등 고대 그리스의 정치사를 추적하고, 정치가들의 파란만장한 일화 등을 소개하고 있다. 특히 이 책의 저자는 아테네인들이 추구했던 정치방법이 오늘 우리 사회가 당면한 문제를 해결할 수 있는 지혜의 발견에 도움을 줄 수 있을 것이라고 말한다.

420 위대한 도서관 건축순례

eBook

최정태(부산대학교 명예교수)

이 책은 도서관의 건축을 중심으로 다룬 일종의 기행문이다. 고대 도서관에서부터 21세기에 완공된 최첨단 도서관까지, 필자는 가능한 많은 도서관을 직접 찾아보려고 애썼다. 미처 방문하지 못한 도서관에 대해서는 문헌과 그림 등 가능한 많은 정보를 수집하려 노력했다. 필자의 단상들을 함께 읽는 동안 우리 사회에서 도서관이 차지하는 의미에 대해 다시 생각하게 된다.

421 아름다운 도서관 오디세이

eBook

최정태(부산대학교 명예교수)

이 책은 문헌정보학과에서 자료 조직을 공부하고 평생을 도서관에 몸담았던 한 도서관 애찬가의 고백이다. 필자는 퇴임 후 지금까지 도서관을 돌아다니면서 직접 보고 배운 것이 40여 년 동안 강단과 현장에서 보고 얻은 이야기보다 훨씬 많았다고 말한다. '세계 도서관 여행 가이드'라 불러도 손색없을 만큼 풍부하고 다채로운 내용이 이 한 권에 담겼다.

eBook 표시가 되어있는 도서는 전자책으로 구매가 가능합니다.

016 이슬람 문화 | 이희수
017 살롱문화 | 서정복 eBook
020 문신의 역사 | 조현설 eBook
038 헬레니즘 | 윤진 eBook
056 중국의 고구려사 왜곡 | 최광식 eBook
085 책과 세계 | 강유원
086 유럽왕실의 탄생 | 김현수 eBook
087 박물관의 탄생 | 전진성 eBook
088 절대왕정의 탄생 | 임승휘 eBook
100 여행 이야기 | 이진홍 eBook
101 아테네 | 장영란 eBook
102 로마 | 한형곤 eBook
103 이스탄불 | 이희수 eBook
104 예루살렘 | 최창모 eBook
105 상트 페테르부르크 | 방일권 eBook
106 하이델베르크 | 곽병휴 eBook
107 파리 | 김복래 eBook
108 바르샤바 | 최건영 eBook
109 부에노스아이레스 | 고부안 eBook
110 멕시코 시티 | 정혜주 eBook
111 나이로비 | 양철준 eBook
112 고대 올림픽의 세계 | 김복희 eBook
113 종교와 스포츠 | 이창익 eBook
115 그리스 문명 | 최혜영
116 그리스와 로마 | 김덕수 eBook
117 알렉산드로스 | 조현미
138 세계지도의 역사와 한반도의 발견 | 김상근 eBook
139 신용하 교수의 독도 이야기 | 신용하
140 간도는 누구의 땅인가 | 이성환 eBook
143 바로크 | 신정아 eBook
144 페르시아 문화 | 신규섭 eBook
150 모던 걸, 여우 목도리를 버려라 | 김주리 eBook
151 누가 하이카라 여성을 데리고 사누 | 김미지 eBook
152 스위트 홈의 기원 | 백지혜 eBook
153 대중적 감수성의 탄생 | 강심호 eBook
154 에로 그로 넌센스 | 소래섭 eBook
155 소리가 만들어낸 근대의 풍경 | 이승원 eBook
156 서울은 어떻게 계획되었는가 | 염복규 eBook
157 부엌의 문화사 | 함한희
171 프랑크푸르트 | 이기식 eBook
172 바그다드 | 이동은 eBook
173 아테네인, 스파르타인 | 윤진 eBook
174 정치의 원형을 찾아서 | 최자영 eBook
175 소르본 대학 | 서정복 eBook
187 일본의 서양문화 수용사 | 정하미
188 번역과 일본의 근대 | 최경옥
189 전쟁국가 일본 | 이성환 eBook
191 일본 누드 문화사 | 최유경
192 주신구라 | 이준섭
193 일본의 신사 | 박규태 eBook
220 십자군, 성전과 약탈의 역사 | 진원숙
239 프라하 | 김규진 eBook
240 부다페스트 | 김성진 eBook
241 보스턴 | 황선희
242 돈황 | 전인초 eBook
249 서양 무기의 역사 | 이내주
250 백화점의 문화사 | 김인호
251 초콜릿 이야기 | 정한진
252 향신료 이야기 | 정한진
259 와인의 문화사 | 고형욱
269 이라크의 역사 | 공일주
283 초기 기독교 이야기 | 진원숙
285 비잔틴제국 | 진원숙 eBook
286 오스만제국 | 진원숙 eBook
291 프랑스 혁명 | 서정복 eBook
292 메이지유신 | 장인성
293 문화대혁명 | 백승욱 eBook
294 기생 이야기 | 신현규 eBook
295 에베레스트 | 김법모 eBook
296 빈 | 인성기 eBook
297 발트3국 | 서진석 eBook
298 아일랜드 | 한일동
308 홍차 이야기 | 정은희 eBook
317 대학의 역사 | 이광주
318 이슬람의 탄생 | 진원숙
335 고대 페르시아의 역사 | 유흥태
336 이란의 역사 | 유흥태
337 에스파한 | 유흥태
342 다방과 카페, 모던보이의 아지트 | 장유정
343 역사 속의 채식인 | 이광조
371 대공황 시대 | 양동휴 eBook
420 위대한 도서관 건축순례 | 최정태 eBook
421 아름다운 도서관 오디세이 | 최정태 eBook
423 서양 건축과 실내 디자인의 역사 | 천진희 eBook
424 서양 가구의 역사 | 공혜원 eBook
437 알렉산드리아 비블리오테카 | 남태우 eBook
439 전통 명품의 보고, 규장각 | 신병주 eBook
443 국제난민 이야기 | 김철민 eBook
462 장군 이순신 | 도현신 eBook
463 전쟁의 심리학 | 이윤규 eBook
466 한국무기의 역사 | 이내주 eBook
486 대한민국 대통령들의 한국경제 이야기1 | 이장규 eBook
487 대한민국 대통령들의 한국경제 이야기2 | 이장규 eBook
490 역사를 움직인 중국 여성들 | 이양자 eBook
493 이승만 평전 | 이주영 eBook
494 미군정시대 이야기 | 차상철 eBook
495 한국전쟁사 | 이희진 eBook
496 정전협정 | 조성훈 eBook
497 북한 대남침투도발사 | 이윤규 eBook
510 요하 문명(근간)
511 고조선왕조실록(근간)
512 고구려왕조실록 1(근간)
513 고구려왕조실록 2(근간)
514 백제왕조실록 1(근간)
515 백제왕조실록 2(근간)
516 신라왕조실록 1(근간)
517 신라왕조실록 2(근간)
518 신라왕조실록 3(근간)
519 가야왕조실록(근간)
520 발해왕조실록(근간)
521 고려왕조실록 1(근간)
522 고려왕조실록 2(근간)
523 조선왕조실록 1 | 이성무 eBook
524 조선왕조실록 2 | 이성무 eBook
525 조선왕조실록 3 | 이성무 eBook
526 조선왕조실록 4 | 이성무 eBook
527 조선왕조실록 5 | 이성무 eBook
528 조선왕조실록 6 | 편집부 eBook

(주)살림출판사
www.sallimbooks.com
주소 경기도 파주시 문발동 522-1 | 전화 031-955-1350 | 팩스 031-955-1355